TRADUÇÃO REGINA SILVA

FRANCO BERARDI

EXTREMO

CRÔNICAS DA PSICODEFLAÇÃO

7     PREFÁCIO À EDIÇÃO BRASILEIRA

11     INTRODUÇÃO
Fenomenologia do fim: um título ambíguo

15     **PARTE 1**
**CRÔNICAS DA PSICODEFLAÇÃO**

129     **PARTE 2**
**SEIS MEDITAÇÕES NO LIMIAR**

131     1. Limiar e cosmopoiesis
143     2. Para além do colapso
149     3. Recodificador universal
154     4. O terceiro inconsciente
164     5. Profecia sensual
171     6. Beijos

183     *POST SCRIPTUM*

203     Sobre o autor

# PREFÁCIO À EDIÇÃO BRASILEIRA

Escrevi estas crônicas de deflação psíquica durante o primeiro semestre de 2020, quando a pandemia do coronavírus atingiu a Itália na primavera de forma tão violenta que impôs toda a população em quarentena. Não exatamente *toda* a população, porque milhões de trabalhadores foram obrigados a manter suas rotinas, mesmo correndo o risco de se infectarem. Não puderam parar pois desempenham um papel indispensável à sociedade: médicos e enfermeiras, é claro, mas também entregadores, esses trabalhadores precarizados obrigados a andar de bicicleta levando pacotes de aplicativos de entrega. Além deles, a maioria dos operários das indústrias também foi forçada a ir para a fábrica.

Depois de alguns meses, as pessoas começaram a acreditar que a pandemia estava acabando: o governo italiano anunciou uma redução nas medidas de confinamento e, em seguida, o fim da quarentena. Pensamos que o contágio se dissolveria com o tempo e que a vida logo voltaria ao normal.

Aos poucos, contudo, percebemos que não foi isso o que de fato aconteceu. Em primeiro lugar, porque a pandemia continuou a se expandir, a demandar novos confinamentos em ondas sucessivas, de leste a oeste, da China rumo ao velho continente eurasiático e depois para o continente americano, primeiro em direção ao norte e depois ao sul.

Logo o medo de que o contágio pudesse voltar começou a se espalhar. E então os governos impuseram novamente a quarentena aqui e ali, de forma um pouco irregular.

Agora, enquanto escrevo o prefácio desta edição brasileira, em muitos países europeus estamos começando a falar em *lockdown* de novo. Viajar pela Europa tornou-se arriscado, difícil.

Pessoalmente, tive que desistir de uma viagem de Bolonha a Barcelona porque a maioria dos voos foi cancelada, o preço dos voos triplicou, e viajar de avião envolve inconvenientes e riscos que um asmático como eu precisa levar em consideração.

Não sabemos mais nada sobre nosso futuro pessoal, muito menos sobre o futuro global.

O que me parece certo é que não haverá volta a nenhuma normalidade. O colapso da economia já assumiu proporções assombrosas: o Produto Interno Bruto (PIB) da Grã-Bretanha despencou 22% no segundo trimestre de 2020, o desemprego aumentou a níveis sem precedentes em quase todos os países europeus, e a queda na demanda é dramática, não dá para esperar uma recuperação do consumo porque os salários estão caindo e, sobretudo, porque desabou a energia psicológica que induz as pessoas a consumir.

Mas não está claro se essa interrupção, se esse colapso, nos permitirá escapar do cadáver do capitalismo, experimentar formas de vida igualitárias e frugais, ou se seremos empurrados para uma guerra de todos contra todos, para uma angústia ininterrupta e para a extinção da civilização humana.

Desta vez, não se trata mais de ambições utópicas, mas de mudar de rumo antes que se cumpra um destino que parece cada vez mais próximo: os gigantescos incêndios na Austrália, na Amazônia, na Califórnia, no Pantanal, o derretimento das geleiras, os armamentos, a fome que está voltando em muitas partes do mundo, as grandes migrações – aceleradas pela crise do meio ambiente –, a reação racista dos povos do Norte global diante desse efeito do desenvolvimento industrial.

Se não houver uma guinada baseada nas potências da inteligência técnica liberta dos interesses privados, se não forem criadas comunidades autônomas de experimentação tecnológica, capazes de produzir o necessário, então a extinção se tornará o horizonte provável.

Necessitamos *hoje* do desenvolvimento de pesquisas que tenham autonomia em relação aos interesses das corporações globais, além de reativação das energias eróticas e criativas da sociedade.

É possível, desde que saibamos resistir ao provável, zombar do inevitável e abrir as janelas ao imprevisível.

Bolonha, setembro de 2020

INTRODUÇÃO

# FENOMENOLOGIA DO FIM:
## UM TÍTULO AMBÍGUO

*Fenomenologia do fim.*
   Sim, mas o fim de quê?
   Isso depende de nós, depende de você.

Se soubermos criar condições de solidariedade social, se soubermos nos equipar com ferramentas adequadas de defesa e ataque, se pudermos desenvolver um modelo adequado de aplicação completa das tecnologias de produção, então será o fim da propriedade privada, do domínio abstrato do capital, da exploração e da miséria.

Um fim esperado e prometido há dois séculos, que nenhuma política foi capaz de implementar; paradoxalmente, foi um vírus que pôs ao alcance de uma humanidade à beira do precipício a possibilidade de emancipar-se da superstição do dinheiro e do trabalho assalariado.

Se não soubermos como criar essas condições, então o fim sobre o qual teremos que falar é exatamente o fim da humanidade. Da humanidade como um valor compartilhado, como sensibilidade, inteligência e compreensão, mas também como espécie: o fim do animal humano na Terra.

Desta vez, não estamos brincando. Incêndios florestais em todo o mundo, derretimento de geleiras, invasão catastrófica de gafanhotos na África, corrida armamentista, a fome que retorna a muitas áreas do mundo, a pandemia viral que inaugura uma era de terror sanitário.

Tudo isso significa uma coisa: que a extinção está em pauta e que não há outra maneira de evitar essa perspectiva senão pela igualdade econômica radical, pela liberdade cultural, pela lentidão de movimentos e pela velocidade de pensamentos.

Comunismo ou extinção.

Há cinquenta anos, uma revista chamada *Socialisme ou Barbarie* circulava nas livrarias de Paris. Sabemos como acabou. Não conseguimos criar as condições culturais e técnicas para o socialismo, e o resultado foi visto nos primeiros vinte anos do novo século: exploração brutal, precariedade e miséria crescentes, racismo, nacionalismo, submissão da inteligência coletiva à ignorância da minoria armada.

Barbárie.

E, no final, colapso, naturalmente. Colapso sanitário, é claro, mas, mesmo antes, colapso psíquico, alastramento da depressão, crise de pânico, epidemia de suicídios.

No primeiro semestre de 2020, o colapso entreabriu as portas do nosso amanhã.

Pode ser (é muito provável que seja) um amanhã de guerra civil generalizada, opressão tecnototalitária de contornos chineses, violência fascista de contornos turcos ou húngaros, demência armada em massa de contornos norte-americanos.

Nesse caso, vamos perceber em breve que seria melhor termos sido eliminados pela Covid-19, em vez de testemunharmos, impotentes, a violência dos patrões e a arrogância dos servos ignorantes.

Com o petróleo custando zero dólar, o mundo será sufocado pelas névoas venenosas de Delhi, pelos incêndios devastadores da Austrália, pelas águas dos oceanos tempestuosos. Em algumas gerações, oraremos ao deus do inevitável para acelerar o momento da extinção iminente.

Mas outro fim é possível, um fim que é um começo.

A potência da inteligência técnica governada por 100 milhões de jovens trabalhadores do conhecimento, o florescimento de milhões de coletivos autônomos, laboratórios e escolas produzindo o que é necessário a todos, sem que ninguém nunca mais lucre com isso.

O dinheiro tornou-se inútil, a acumulação é uma ilusão perigosa.

Precisamos de pesquisa científica, satisfação preguiçosa das necessidades essenciais e prazer de sentidos e mentes.

Que o erótico expulse a lembrança triste do econômico. Que a poesia cosmopolita dissolva o mau cheiro do pertencimento nacional. Que todas as bandeiras sejam queimadas, que as portas de todas as prisões se abram.

É possível, se conseguirmos resistir ao provável e se formos capazes de zombar do inevitável.

Bolonha, junho de 2020

# CRÔNICAS DA PSICODEFLAÇÃO

PARTE 1 [FEVEREIRO – MAIO 2020]

*You are the crown of creation*
*And you've got no place to go*[1]
— Jefferson Airplane, "Crown of Creation"

*A palavra agora é um vírus. Talvez o vírus da gripe já tenha sido uma célula pulmonar saudável. Agora é um organismo parasita que invade e danifica os pulmões. Talvez a palavra já tenha sido uma célula nervosa saudável. Agora é um organismo parasita que invade o sistema nervoso central. O homem moderno perdeu a possibilidade de silêncio. Tente parar seu discurso subvocal. Tente chegar a dez segundos de silêncio interior. Você encontrará um organismo resistente que o força a falar. Esse organismo é a palavra.*
— William S. Burroughs, *The Ticket that Exploded*

*E quando [o Cordeiro] abriu o sétimo selo, houve no céu um silêncio durante cerca de meia hora... Vi então os sete anjos que estão diante de Deus: deram-lhes sete trombetas.*
— Apocalipse, VIII, 1–2

---

1    "Você é o ápice da criação/ E você não tem para onde ir". [N. T.]

FEVEREIRO – MAIO 2020

## 21 DE FEVEREIRO

Retornando de Lisboa, uma cena inesperada no aeroporto de Bolonha. Na entrada há dois seres humanos completamente cobertos por um macacão branco, com um capacete fluorescente e uma ferramenta estranha nas mãos. A ferramenta é uma pistola-termômetro de alta precisão, que emite luzes violetas por toda a parte.

Aproximam-se de cada passageiro, detêm-no, apontam a luz violeta para a testa dele, verificam a temperatura e depois o deixam seguir.

Um palpite: estamos atravessando um novo limiar no processo de mutação tecnopsicótica?

## 28 DE FEVEREIRO

Desde que voltei de Lisboa, não consegui fazer mais nada. Comprei umas vinte telas pequenas e pintei com tinta esmalte, fragmentos de fotografias, lápis, grafite. Não sou pintor, mas, quando estou nervoso, quando sinto que está acontecendo alguma coisa que lança vibrações dolorosas pelo meu corpo, começo a rabiscar para relaxar.

A cidade está em silêncio como se fosse Ferragosto.[2] As escolas estão fechadas, os cinemas fechados. Não há estudantes circulando, não há turistas. As agências de viagens excluem regiões inteiras do mapa. As recentes convulsões do corpo planetário talvez estejam causando um colapso que obriga o organismo a parar, a desacelerar seus movimentos,

---

2 Celebrado em 15 de agosto, data em que a Igreja Católica comemora a Assunção de Maria, o feriado de Ferragosto marca o ápice das férias de verão na Itália, com grande parte do comércio fechado e cidades vazias. [N. E.]

a abandonar os lugares lotados e as agitadas negociações diárias. E, se esse fosse o caminho que não podíamos encontrar, e agora ele nos viesse na forma de uma epidemia psíquica, um vírus linguístico gerado por um biovírus?

A Terra atingiu um grau de extrema irritação, e o corpo coletivo da sociedade está num estado de estresse intolerável. A doença se manifesta neste momento, discretamente letal, mas social e psiquicamente devastadora, como uma reação de autodefesa da Terra e do corpo planetário. Para os mais jovens, é apenas uma gripe incômoda.

O que causa pânico é que o vírus foge à nossa compreensão. A medicina não o conhece, tampouco o sistema imunológico o conhece. E o desconhecido de repente faz a máquina parar. Um vírus semiótico na psicosfera bloqueia o funcionamento abstrato da economia, porque lhe rouba os corpos. Quer ver?

## 2 DE MARÇO

Um vírus semiótico na psicosfera bloqueia o funcionamento abstrato da máquina, porque os corpos desaceleram seus movimentos, finalmente desistem da ação, interrompem a intenção de governar o mundo e deixam o tempo retomar seu fluxo no qual nadamos passivamente, seguindo a técnica de natação chamada "fingir-se de morto". O nada, então, engole uma coisa após a outra; ao mesmo tempo, no entanto, dissolve-se a ansiedade de manter unido aquele mundo que mantinha o mundo unido.

Não há pânico, não há medo, só silêncio. A rebelião se mostrou inútil, então vamos parar.

Quanto tempo vai durar o efeito dessa fixação psicótica que foi chamada de coronavírus? Dizem que a primavera matará o vírus, mas pode, ao contrário, potencializá-lo. Não sabemos nada sobre ele, como podemos saber qual temperatura ele prefere? Não importa quão letal seja a doença, ela parece discreta, e esperamos que desapareça em breve.

O efeito do vírus, porém, não é tanto o número de pessoas que ele debilita ou o número de pessoas que mata. O efeito do vírus está na paralisia de relações que espalha. A economia mundial há muito tempo encerrou sua curva de expansão, mas não conseguíamos aceitar a ideia da estagnação como um novo regime de longo prazo. Agora, o vírus semiótico está nos ajudando a fazer a transição para a imobilidade.

Quer ver?

## 3 DE MARÇO

Como reagem o organismo coletivo, o corpo planetário, a mente hiperconectada, sujeita por três décadas à tensão ininterrupta da competição e à hiperestimulação nervosa, à guerra pela sobrevivência, à solidão metropolitana e à tristeza, incapaz de se libertar da ressaca que rouba a vida e a transforma em estresse permanente, como um viciado que nunca consegue alcançar a heroína que, no entanto, dança diante de seus olhos, sujeitando-o à humilhação da desigualdade e da impotência?

Na segunda metade de 2019, o corpo planetário entrou em convulsão. De Santiago a Barcelona, de Paris a Hong Kong, de Quito a Beirute, multidões, milhões de jovens muito jovens foram para as ruas com muita raiva. A revolta não tinha objetivos específicos, ou melhor, tinha objetivos contraditórios. O corpo planetário foi tomado por espasmos que a mente era incapaz de guiar. A febre cresceu até o final do ano dezenove.

Em seguida, Donald Trump mata Qasem Soleimani, tripudiando sobre seu povo. Milhões de iranianos desesperados saem às ruas, choram, prometem uma vingança inesquecível. Nada acontece, os iranianos bombardeiam uma base norte-

-americana. Em pânico, acabam derrubando um avião civil. E assim Trump vence tudo, seu prestígio aumenta. Os norte-americanos ficam empolgados quando veem sangue, os assassinos sempre foram seus favoritos. Enquanto isso, os democratas começam as primárias num estado de divisão tão grande que apenas um milagre poderia levar à indicação do bom velhinho Bernie Sanders, a única esperança de uma vitória improvável.

Então, nazismo trumpista e miséria para todos, superestimulação crescente do sistema nervoso planetário. Essa é a moral da história?

Mas eis então a surpresa, a inversão, o inesperado que frustra qualquer discurso sobre o inevitável. O imprevisto que estávamos esperando: a implosão. O organismo superexcitado da humanidade, após décadas de aceleração e frenesi, após alguns meses de convulsões gritantes sem perspectiva, fechado num túnel cheio de raiva, gritos e fumaça, é enfim atingido pelo colapso. Espalha-se uma gerontomaquia que mata sobretudo os que têm mais de oitenta anos, mas bloqueia, peça por peça, a máquina global de excitação, frenesi, crescimento, economia...

O capitalismo é axiomático, ou seja, atua com base em uma premissa não comprovada (necessidade de crescimento ilimitado que possibilite acumulação de capital). Todas as concatenações lógicas e econômicas são coerentes com esse axioma, e não se pode conceber ou tentar nada fora dele. Não há saída política no axioma do Capital, não há linguagem capaz de falar fora da língua, não há possibilidade de destruir o sistema, porque todo processo linguístico ocorre no interior desse axioma que não possibilita declarações extrassistêmicas efetivas. A única saída é a morte, como aprendemos com Jean Baudrillard.

Somente após a morte é possível começar a viver. Após a morte do sistema, organismos extrassistêmicos poderão começar a viver. Desde que sobrevivam, é claro, e não há como ter certeza disso.

A recessão econômica que está em preparação poderá nos matar, poderá provocar conflitos violentos, poderá desencadear epidemias de racismo e guerra. É bom saber disso. Não estamos culturalmente preparados para pensar na estagnação como condição de longo prazo, não estamos preparados para pensar a frugalidade, a partilha. Não estamos preparados para dissociar prazer de consumo.

## 4 DE MARÇO

Este é o momento certo? Não sabíamos como nos livrar do polvo, não sabíamos como sair do cadáver do Capital. Viver naquele cadáver infectava a existência de todos, porém agora o choque é um prelúdio da deflação psíquica definitiva. No cadáver do Capital, fomos submetidos à superestimulação, ao aceleramento constante, à competição generalizada e à exploração excessiva com salários em queda. Agora o vírus esvazia a bolha da aceleração.

Fazia muito tempo que o capitalismo estava num estado de estagnação irremediável. Mas continuou a incitar os animais de carga que somos, para nos forçar a continuar correndo, mesmo que àquela altura o crescimento tivesse se tornado uma miragem triste e impossível.

A revolução não era mais concebível, porque a subjetividade é confusa, deprimida, convulsiva, e o cérebro político não tem mais nenhum poder sobre a realidade. E então aqui está uma revolução sem subjetividade, puramente implosiva, uma revolta de passividade, de resignação. Resignemo-nos. De repente, esse parece ser um *slogan* ultrassubversivo. Chega da agitação desnecessária que deveria melhorar a qualidade de vida, mas que na verdade produz apenas sua deterioração. Literalmente, não há mais o que fazer. Então, não façamos nada.

Dificilmente o organismo coletivo se recuperará desse choque psicótico-viral; dificilmente a economia capitalista, agora reduzida à estagnação irremediável, retomará sua gloriosa jornada. Podemos afundar no inferno de uma prisão tecnomilitar cuja chave está só nas mãos da Amazon e do Pentágono. Ou podemos esquecer a dívida, o crédito, o dinheiro e a acumulação.

O que a vontade política não conseguiu fazer, poderia ser feito pelo poder mutagênico do vírus. No entanto, essa saída precisa ser preparada imaginando o possível, agora que o inesperado rompeu a tela do inevitável.

## 5 DE MARÇO

Aparecem os primeiros sinais de falência do sistema de bolsas de valores e da economia. Analistas econômicos observam que desta vez, diferentemente de 2008, as intervenções de bancos centrais ou outras instituições financeiras não serão de muita utilidade.

Pela primeira vez, a crise não provém de fatores financeiros, nem mesmo de fatores estritamente econômicos, do jogo de oferta e demanda. A crise vem do corpo.

Foi o corpo que decidiu diminuir o ritmo. A desmobilização geral provocada pelo coronavírus é um sintoma de estagnação, antes mesmo de ser causa.

Quando falo do corpo, refiro-me à função biológica como um todo, refiro-me ao corpo físico que adoece – mas também, e acima de tudo, refiro-me à mente, que por razões que nada têm a ver com o raciocínio, com a crítica, com a vontade, com a decisão política, entrou numa fase de profunda passivação.

Cansada de processar sinais muito complexos, deprimida depois da excitação excessiva, humilhada pela impotência de suas decisões diante da onipotência do autômato tecno-financeiro, a mente baixa a tensão. Não que tenha tomado alguma decisão. É a repentina queda da tensão que decide por todos. Psicodeflação.

## 6 DE MARÇO

Naturalmente, podem-se apresentar argumentos exatamente opostos ao que acabei de dizer. O neoliberalismo, em seu casamento com o etnonacionalismo, deve dar um impulso ao processo de abstração total da vida. Eis o vírus que força todos a ficar em casa, mas não bloqueia a circulação de mercadorias. Aqui estamos, no limiar de uma forma tecnototalitária na qual os corpos serão para sempre entregues, controlados, teleguiados.

Sai um artigo de Srećko Horvat na *Internazionale* (tradução da *New Statesman*).

Segundo Horvat,

> [...] o coronavírus não é uma ameaça para a economia neoliberal; ao contrário, ele cria o ambiente perfeito para essa ideologia. Entretanto, do ponto de vista político, o vírus é um perigo porque uma crise de saúde pode favorecer o objetivo etnonacionalista de fortalecer as fronteiras e a exclusividade racial e interromper a livre circulação de pessoas (especialmente aquelas vindas de países em desenvolvimento), mas garantindo um movimento descontrolado de bens e capitais.
>
> O medo de uma pandemia é mais perigoso que o próprio vírus. As imagens apocalípticas da mídia escondem um vínculo profundo entre a extrema direita e a economia capitalista. Assim como um vírus precisa de uma célula viva para se repro-

duzir, o capitalismo também se adaptará à nova biopolítica do século XXI. O novo coronavírus já afetou a economia global, mas não impedirá o movimento e a acumulação de capital. De qualquer forma, em breve surgirá uma forma mais perigosa de capitalismo, que dependerá de maior controle e purificação das populações.

Obviamente, a hipótese formulada por Horvat é realista.

Mas acredito que essa hipótese mais realista não seja realista, porque subestima a dimensão subjetiva do colapso e os efeitos no longo prazo da deflação psíquica sobre a estagnação econômica.

O capitalismo foi capaz de sobreviver ao colapso financeiro de 2008 porque as condições do colapso eram todas internas à dimensão abstrata da relação entre linguagem, finanças e economia. Pode ser que não sobreviva ao colapso da epidemia porque agora entra em jogo um fator extrassistêmico.

## 7 DE MARÇO

Meu amigo matemático Alex me escreve: "Todos os recursos de supercomputação estão engajados em encontrar o antídoto para o corona. Esta noite, sonhei com a batalha final entre os biovírus e os vírus simulados. De qualquer forma, o humano já está fora, me parece".

A rede global de computação está buscando a fórmula capaz de contrapor o infovírus ao biovírus. É necessário decodificar, simular matematicamente, construir tecnicamente o corona-*killer*, para depois espalhá-lo.

Enquanto isso, a energia se retira do corpo social e a política mostra sua impotência constitutiva. A política é cada vez mais o lugar do não poder, porque a vontade não atinge o infovírus.

FEVEREIRO – MAIO 2020

O biovírus prolifera no corpo estressado da humanidade global.

Os pulmões são o ponto mais vulnerável, ao que parece. As doenças respiratórias vêm se espalhando há anos na mesma proporção da disseminação de substâncias irrespiráveis na atmosfera. Mas o colapso ocorre quando, encontrando o sistema midiático, entrelaçando-se com a rede semiótica, o biovírus direciona seu poder debilitante ao sistema nervoso, ao cérebro coletivo, forçado a desacelerar seus ritmos.

## 8 DE MARÇO

Durante a noite, o primeiro-ministro Giuseppe Conte comunicou a decisão de pôr em quarentena um quarto da população italiana. Piacenza, Parma, Reggio e Modena estão em quarentena. Bolonha não. Por enquanto.

Nos últimos dias, falei com Fabio e Lucia e decidimos nos encontrar para jantar hoje à noite. De vez em quando, fazemos isso em algum restaurante ou na casa de Fabio. Esses jantares são um pouco melancólicos, mesmo que não o admitamos, porque nós três sabemos que é o resíduo artificial do que acontecia de uma maneira natural várias vezes por semana, quando nos encontrávamos na casa da *mamma*.

Esse hábito de nos vermos no almoço (ou mais raramente no jantar) na casa da *mamma*, apesar de todos os eventos, deslocamentos e mudanças, permaneceu após a morte do *babbo*. A gente se encontrava no almoço na casa da *mamma* sempre que possível.

Quando minha mãe se viu impossibilitada de preparar o almoço, esse hábito acabou. E pouco a pouco a relação entre nós três mudou. Até então, embora já tivéssemos sessenta anos, continuávamos a nos encontrar quase todos os dias de uma forma completamente natural, continuávamos a ocupar

**26** CRÔNICAS DA PSICODEFLAÇÃO

o mesmo lugar à mesa que ocupávamos quando tínhamos dez anos. Mantínhamos à mesa os mesmos rituais. Minha *mamma* ficava sentada perto do fogão, porque isso lhe permitia continuar cuidando da comida enquanto comia. Lucia e eu conversávamos sobre política, isso faz já uns cinquenta anos, desde quando ela era maoísta e eu da causa operária.

Esse hábito terminou quando minha mãe entrou em sua longa agonia.

Desde então, temos que nos organizar para jantar, às vezes vamos a um restaurante asiático no pé das colinas, perto do teleférico que fica na estrada que leva a Casalecchio. Outras vezes, vamos ao apartamento de Fabio, no sétimo andar de um edifício popular depois da ponte comprida, entre Casteldebole e Borgo Panigale.

Da janela, veem-se os campos às margens do rio. Mais longe, a colina de San Luca, e, à esquerda, a cidade. Bem, há alguns dias, marcamos de nos encontrar hoje à noite para jantar. Eu tinha que levar queijo e sorvete, e Cristina, esposa de Fabio, havia preparado a lasanha.

Tudo mudou nesta manhã, quando pela primeira vez – agora percebo – o coronavírus entrou em nossa vida, não mais como um objeto de reflexão filosófica, política, médica ou psicanalítica, mas como um perigo pessoal.

Primeiro veio um telefonema de Tania, filha de Lucia, que mora com Rita há algum tempo em Sasso Marconi.

Tania ligou para me dizer: ouvi dizer que você, mamãe e Fabio querem jantar juntos, não façam isso. Estou em quarentena porque uma das minhas alunas (Tania ensina ioga) é médica no Sant'Orsola e, há alguns dias, fez o teste e deu positivo. Estou com um pouco de bronquite e decidiram me testar também; enquanto aguardo o resultado, não posso sair de casa. Respondi com ceticismo, mas ela foi implacável e disse algo bastante impressionante, sobre o qual eu ainda não tinha pensado.

Ela me disse que a taxa de contágio de uma gripe comum é de 0,21, enquanto a do coronavírus é de 0,80. Para ser claro: no caso de uma gripe normal, você precisa entrar em contato com 500 pessoas para encontrar o vírus; no caso do corona, basta encontrar 120. *Interesting*.

Tania, que parece estar muito bem informada, por ter ido fazer o teste e ter falado com aquelas pessoas que estão na linha de frente do contágio, disse-me que aqui na Itália a idade média dos mortos é de 81 anos.

Eu suspeitava disso, mas agora eu sei. O coronavírus mata idosos e, em particular, mata velhos asmáticos (como eu).

Em seu último pronunciamento, Giuseppe Conte, que me parece um primeiro-ministro meio que por acaso, que nunca deixou de parecer alguém pouco ligado à política, disse: "Vamos pensar na saúde de nossos avós". Comovente, dado que me encontro no papel constrangedor do avô a ser protegido.

Deixando o papel do cético, disse a Tania que lhe agradecia e que seguiria suas recomendações. Telefonei para Lucia, conversamos um pouco e decidimos adiar o jantar. Percebo que entrei em uma clássica relação de duplo vínculo batesoniana. Se eu não telefonar para cancelar o jantar, eu me ponho na posição de um infectante físico, potencial portador de um vírus que poderia matar meu irmão. Se, no entanto, telefono, como estou fazendo, para cancelar o jantar, fico na posição de um infectante psíquico, isto é, de espalhar o vírus do medo, o vírus do isolamento. E se essa história durar muito tempo?

## 9 DE MARÇO

O problema mais sério é a sobrecarga à qual o sistema de saúde está sujeito. As unidades de terapia intensiva estão à beira do colapso. Existe o risco de não se conseguir cuidar de todas as pessoas que precisam de tratamento urgente. Fala-se da possibilidade de ter que escolher entre pacientes que podem ou não podem ser tratados.

Nos últimos dez anos, 37 bilhões de euros foram cortados do sistema público de saúde, as unidades de terapia intensiva foram reduzidas e o número de clínicos gerais diminuiu drasticamente.

Segundo o jornal *Quotidiano Sanità*,

em 2007 o SSN [Serviço Sanitário Nacional] público contava com 334 unidades de urgência e 530 de primeiros socorros. Bem, dez anos depois, a redução foi drástica: 49 unidades de urgência foram cortadas (–14%) e 116 prontos-socorros não existem mais (–22%). Mas o corte mais evidente é o das ambulâncias, tanto do Tipo A (emergência) como do Tipo B (transporte médico). Em 2017, as do Tipo A foram reduzidas em 4% em comparação com dez anos antes, enquanto as do Tipo B caíram pela metade (–52%). Cabe destacar também que as ambulâncias com médico a bordo diminuíram drasticamente. Em 2007, havia um médico em 22% dos veículos, ao passo que, em 2017, apenas em 14,7%. As unidades móveis de reanimação também foram cortadas em 37% (eram 329 em 2007, 205 em 2017). A redução afetou igualmente as casas de saúde credenciadas, que em todos os casos têm muito menos instalações e ambulâncias que os hospitais públicos. Com base nesses dados, pode-se notar que houve retração progressiva do número de leitos em escala nacional, muito mais evidente e relevante em relação ao número de leitos da rede pública do que da rede privada. O corte de 32 717 leitos em sete anos atingiu principalmente o sistema público, que tem 28 832 leitos a menos que em 2010 (–16,2%), em comparação com os 4 335 leitos a menos da rede particular (–6,3%).

## 10 DE MARÇO

"Somos ondas do mesmo mar, folhas da mesma árvore, flores do mesmo jardim."

Isso está escrito em dezenas de caixas contendo máscaras vindas da China. Aquelas mesmas máscaras que a Europa nos negou.


## 11 DE MARÇO

Não fui a Mascarella, como geralmente faço todo ano no dia 11 de março. A gente se encontra diante da placa que lembra a morte de Francesco Lorusso, alguém faz um pequeno discurso, deposita uma coroa de flores ou uma bandeira da Lotta Continua que alguém guardou no porão, a gente se beija e se abraça apertado.

Desta vez, não estava com vontade de ir, porque não gostaria de dizer a nenhum dos meus antigos camaradas que a gente não pode se abraçar.

Fotos de pessoas comemorando chegam de Wuhan, todos rigorosamente de máscara verde. O último paciente com coronavírus recebeu alta de um dos hospitais construídos às pressas para conter o afluxo.

No hospital Huoshenshan, a primeira parada de sua visita, Xi Jinping elogiou os médicos e enfermeiros, chamando-os de "os mais belos anjos" e "mensageiros da luz e da esperança". Os profissionais de saúde da linha de frente assumiram as missões mais difíceis, disse Xi, por isso eram "as pessoas mais admiráveis da nova era, que merecem os maiores elogios".

Entramos oficialmente na era biopolítica, na qual presidentes não podem fazer nada e só médicos podem fazer alguma coisa – mas nem tudo.

## 12 DE MARÇO

Itália. O país inteiro está em quarentena. O vírus se difunde mais rápido que as medidas de contenção.

Billi e eu pusemos a máscara, pegamos a bicicleta e vamos às compras. Apenas farmácias e mercados de alimentos podem permanecer abertos. E as bancas também – compramos jornais. E tabacarias. Compro seda para bolar meu baseado, mas o haxixe já rareia na caixinha de madeira. Logo vou ficar sem, e os meninos africanos que vendem para estudantes não estão mais na Piazza Verdi.

Trump usou a expressão "vírus estrangeiro".

*All viruses are foreign by definition, but the President has not read William Burroughs.*[3]

## 13 DE MARÇO

No Facebook, um cara espirituoso postou esta frase no meu perfil: "ei, Bifo, aboliram o trabalho".

Na realidade, o trabalho é abolido apenas para alguns. Os trabalhadores das indústrias estão revoltados porque precisam ir à fábrica como sempre, sem máscaras nem qualquer proteção, a meio metro de distância um do outro.

O colapso, depois as longas férias. Ninguém pode dizer como vamos acabar.

Podemos acabar, como alguém prevê, nas condições de um perfeito estado tecnototalitário. No livro *Black Earth*, Timothy Snyder explica que não há melhor condição para a formação de regimes totalitários do que uma situação de emergência extrema, em que a sobrevivência de todos está em risco.

---

3 "Todos os vírus são estrangeiros por definição, mas o presidente não leu William Burroughs". [N. T.]

A aids criou as condições para diminuir o contato físico e para lançar plataformas de comunicação sem contato. A internet foi preparada desde a mutação psíquica chamada aids.

Agora poderíamos muito bem passar a uma condição de isolamento permanente dos indivíduos, e a nova geração poderia internalizar o terror ao corpo do outro.

Mas o que é terror?

O terror é uma condição em que o imaginário domina completamente a imaginação. O imaginário é a energia fóssil da mente coletiva, as imagens que a experiência depositou ali, a imitação do imaginável. A imaginação é a energia renovável e sem julgamentos. Não é utopia, e sim recombinação do que é possível.

Há uma lacuna no tempo que está chegando; podemos imaginar uma possibilidade que até ontem parecia impensável: redistribuição de renda, redução do tempo de trabalho. Igualdade, frugalidade, abandono do paradigma de crescimento, investimento de energias sociais em pesquisa, educação, saúde.

Não há como saber como sairemos da pandemia, cujas condições foram criadas pelo neoliberalismo, por cortes na saúde pública, por superexploração psíquica. Definitivamente podemos acabar sozinhos, agressivos, competitivos.

No entanto, podemos sair disso com um grande desejo de abraçar: sociabilidade solidária, contato, igualdade.

O vírus é a condição para um salto mental que nenhum discurso político poderia ter produzido. A igualdade voltou ao centro do palco. Tentemos imaginá-la como ponto de partida para o tempo vindouro.

## 15 DE MARÇO

No silêncio da manhã, os pombos intrigados olham dos telhados da igreja e parecem atônitos. Não conseguem explicar o deserto urbano.

Nem eu.

Leio uma primeira versão de *Offline*, de Jess Henderson, um livro que será lançado em alguns meses (bem, deveria ser lançado, esperemos). A palavra *offline* adquire um significado filosófico: é uma maneira de definir a dimensão física do real em oposição, ou melhor, pela subtração da dimensão virtual.

Reflito sobre como a relação entre *offline* e *online* está mudando durante a disseminação da pandemia. Tento imaginar o depois.

Nos últimos trinta anos, a atividade humana alterou profundamente sua natureza relacional, proxêmica e cognitiva. Um número crescente de interações passou da dimensão física e conjuntiva – na qual as trocas linguísticas são imprecisas e ambíguas (e, portanto, infinitamente interpretáveis), em que a atividade produtiva envolve energias físicas e os corpos se roçam e se tocam em um fluxo de conjunções – para a dimensão conectiva – na qual as operações linguísticas são mediadas por máquinas computacionais e, portanto, respondem a formatos digitais, em que a atividade produtiva é parcialmente mediada por automatismos e as pessoas interagem com uma densidade cada vez maior sem que seus corpos se encontrem. A existência cotidiana das populações tem sido cada vez mais vinculada a dispositivos eletrônicos ligados a enormes massas de dados. A persuasão foi substituída pela penetração, a psicosfera inervada pelos fluxos da infosfera. A conexão pressupõe uma precisão imberbe, sem pelos, uma precisão que os vírus de computador podem interromper, desviar, mas que não conhece a ambiguidade dos corpos físicos nem desfruta da imprecisão como possibilidade.

FEVEREIRO – MAIO 2020

Agora, eis que um agente biológico se introduz no contínuo social, fazendo-o implodir e forçando-o à inatividade. A conjunção, cuja esfera foi amplamente reduzida por tecnologias conectivas, é a causa do contágio. A união no espaço físico tornou-se o perigo absoluto, que deve ser evitado a todo custo. A conjunção deve ser ativamente impedida.

Não saia de casa, não vá visitar amigos, mantenha uma distância de dois metros, não toque em ninguém na rua...

E assim (é a nossa experiência destas semanas) se vê uma enorme expansão do tempo vivido *online*; nem poderia ser diferente, porque as relações emocionais, produtivas e educacionais devem ser transferidas para a esfera em que a pessoa não toca e não se reúne. Não há mais social que não seja puramente conectivo.

E então? O que vai acontecer depois?

E se a sobrecarga de conexão acabar quebrando o encanto?

Quero dizer: mais cedo ou mais tarde, a epidemia vai desaparecer (supondo que isso aconteça); não seremos talvez levados a identificar psicologicamente a vida *online* com a doença? Será que não vai eclodir um movimento espontâneo de carícia que levará uma parte substancial da população jovem a fechar as telas conectivas como lembrança de um período infeliz e solitário?

Não me levo muito a sério, mas penso nisso.

## 16 DE MARÇO

A Terra está se rebelando contra o mundo. A poluição diminui de modo evidente. É o que mostram os satélites que enviam fotos da China e da Padânia completamente diferentes das enviadas há dois meses, e é o que também mostram meus pulmões, que não respiram tão bem há dez anos – desde que fui diagnosticado com asma grave provocada em grande parte pelo ar da cidade.

# 17 DE MARÇO

O colapso das bolsas de valores é tão sério e persistente que não é mais digno de ser noticiado.

O sistema de bolsa de valores tornou-se a representação de uma realidade desaparecida: a economia baseada na oferta e na demanda está em desequilíbrio e permanecerá indiferente por muito tempo à quantidade de dinheiro virtual que circula no sistema financeiro. Isso significa, porém, que o sistema financeiro está perdendo o controle: no passado, as flutuações matemáticas determinavam a quantidade de riqueza a que todos poderiam ter acesso. Agora elas não determinam mais nada.

Agora a riqueza não depende mais do dinheiro que temos, mas do que pertence à nossa vida mental.

Temos que pensar nessa suspensão do funcionamento do dinheiro, porque talvez esteja nisso a pedra angular para sair da forma capitalista, ou seja, para romper definitivamente a relação entre trabalho, dinheiro e acesso a recursos.

Afirmar uma concepção diferente de riqueza. Riqueza não é o equivalente ao dinheiro que tenho, mas à qualidade de vida que me é possível experimentar.

A economia está entrando em recessão, contudo, desta vez, as políticas de apoio à oferta não são muito úteis, nem as de apoio à demanda. Se as pessoas têm medo de ir trabalhar, se as pessoas morrem, não se pode gerar nenhuma oferta. E, se estivermos trancados em casa, não se pode gerar demanda nenhuma.

Um mês, dois meses, três meses... É o suficiente para bloquear a máquina, e esse bloqueio terá efeitos irreversíveis. Quem fala de um retorno ao normal, quem pensa que pode reativar a máquina como se nada tivesse acontecido, não entendeu o que estamos vivendo.

Será o caso de inventar tudo novamente do início, para que a máquina volte a funcionar. E temos que estar lá, prontos para impedir que funcione como nos últimos trinta anos. A religião do mercado e o liberalismo privado devem ser considerados crimes ideológicos. Economistas que nos prometem há trinta anos que a cura para qualquer doença social é o corte de gastos públicos e a privatização serão socialmente isolados. Se tentarem abrir a boca de novo, terão que ser tratados como aquilo que são: idiotas perigosos.

Nas últimas duas semanas, li *Cara de pan*, de Sara Mesa, *Lectura fácil*, de Cristina Morales, e o arrepiante *Canção de ninar*, da péssima Leila Slimani. Agora estou lendo uma escritora azerbaijana que fala de Baku no início do século xx, da repentina riqueza acumulada com o petróleo e de sua família muito rica, cujas propriedades a Revolução Soviética tomou.

Este ano, mais por acaso do que por escolha, só li escritoras, começando com o maravilhoso romance de Négar Djavadi chamado *Désorientale*, uma história de exílio e violência islâmica, solidão e nostalgia.

Agora chega de mulheres e de tragédias humanas, acho que já tenho o bastante.

Então peguei um livro relaxante, que é *Orlando furioso* recontado por Italo Calvino. Quando dava aulas, sempre o recomendava aos alunos, para quem eu lia alguns capítulos. Já li esse livro umas dez vezes, mas releio sempre de bom grado.

## 18 DE MARÇO

Alguns anos atrás, com meu amigo Max (e inspirado por meu amigo Mago), publiquei um romance para o qual não sabíamos que título dar. Gostávamos de *KS*, ou mesmo *Gerontomachia*. A editora que publicou o livro (depois de muitas o terem compreensivelmente rejeitado) impôs um título bastante feio, ainda que mais popular, com certeza: *Morte ai vecchi* [Morte aos velhos]. O livro vendeu bem pouco, mas contava uma história que hoje me parece interessante. Explode uma espécie de epidemia inexplicável: meninos de treze, catorze anos matam os idosos, primeiro alguns casos isolados, depois cada vez mais frequentes, por fim em toda parte. Poupo vocês dos detalhes e dos mistérios técnico-místicos da história. O fato é que os jovens matavam os idosos porque eles infectavam o ar com suas tristezas.

Esta noite me ocorreu que toda essa história de coronavírus poderia ser lida metaforicamente assim: em 15 de março de 2019, milhões de meninas e meninos saíram às ruas gritando: vocês nos deram à luz em um mundo onde não dá para respirar, vocês empestearam a atmosfera; parem com isso, reduzam o consumo de petróleo e carvão, reduzam a poeira fina. Talvez eles esperassem que os poderosos do mundo ouvissem seus pedidos. No entanto, como sabemos, decepcionaram-se. A cúpula de Madri, em dezembro, o último dos inúmeros eventos internacionais que discutem a redução das mudanças climáticas, foi apenas mais um fracasso. A emissão de substâncias tóxicas não diminuiu na última década, o aquecimento global segue sem controle. As grandes empresas de petróleo, carvão e plástico não pretendem desistir. E então, a certa altura, os garotos ficam putos da vida e fazem uma aliança com Gaia, a divindade que protege o planeta Terra. Juntos, lançam um massacre de advertência, e os velhos começam a morrer como moscas.

Finalmente tudo para. E, passado um mês, os satélites fotografam uma Terra muito diferente de como era antes da gerontomaquia.

## 19 DE MARÇO

Como não tenho televisão, acompanho os eventos pela internet: CNN, *The Guardian*, Al Jazeera, *El País*...

Depois, na hora do almoço, ouço as notícias da Radio Popolare.

O mundo desapareceu da informação, existe apenas o coronavírus. Hoje todas as notícias no rádio tratavam da epidemia. Um amigo de Barcelona me conta que falou com um editor da televisão nacional espanhola. Parece que, quando enviam notícias sobre algo que não é o contágio, as pessoas telefonam bravas e alguém insinua que estão escondendo informação...

Entendo a necessidade de manter a atenção do público focada em medidas de prevenção, entendo que é necessário repetir cem vezes por dia que é preciso ficar em casa. Mas esse tratamento da mídia tem um efeito indutor de ansiedade que é desnecessário; além disso, tornou-se quase impossível saber o que está acontecendo no norte da Síria. Oito escolas foram bombardeadas em Idlib, alguns dias atrás, em um único dia.

O que está acontecendo na fronteira entre a Grécia e a Turquia?

Não há mais barcos cheios de africanos no Mediterrâneo, que correm o risco de afundar ou que são parados e enviados de volta aos campos de concentração da Líbia?

Há, sim. De fato, para ser mais exato, ontem eu consegui encontrar a notícia de um barco com 140 pessoas a bordo enviado de volta pela guarda costeira de Malta.

Para registro, segue uma lista parcial do que está acontecendo no mundo, de 1º de março de 2020 até hoje, além da epidemia.

Do *site* PeaceLink, transcrevo os conflitos armados que não pararam nas últimas três semanas, enquanto acreditávamos que ninguém podia sair de casa.

Líbia: confrontos violentos eclodem no norte, enquanto as forças do Exército Nacional da Líbia tentam avançar. Líbia: forças de Haftar bombardeiam duas escolas em Trípoli. República Democrática do Congo: pelo menos dezessete mortos em confrontos com as Forças Democráticas Aliadas em Beni. Somália: cinco membros da Al-Shabaab mortos em um único ataque aéreo dos Estados Unidos. Nigéria: seis mortos em um ataque do Boko Haram na base militar de Damboa. Afeganistão: Talibã e forças afegãs entram em choque na província de Balkh. Tailândia: um soldado morto e outros dois feridos em confrontos com militantes no sul. Indonésia: quatro rebeldes do Exército de Libertação da Papua Ocidental mortos em confrontos com forças de segurança na região de Papua. Iêmen: onze mortos em confrontos entre rebeldes e o Exército iemenita em Taiz. Iêmen: catorze rebeldes *houthis* mortos em confrontos com forças do governo iemenita na província de Al-Hudaydah. Turquia: caça turco derruba avião de guerra sírio sobre Idlib. Síria: dezenove soldados sírios mortos em ataques de drones turcos.

Um amigo me enviou um vídeo de uma fileira de caminhões militares em Bérgamo.

É noite, eles se movem lentamente. Levam uns sessenta caixões para o crematório.

## 20 DE MARÇO

Acordo, faço a barba, tomo remédios para hipertensão, ligo o rádio... Merda... A melodiazinha do hino nacional. Quero saber o que os hinos nacionais têm a ver com esta ocasião.

Por que ressuscitar o orgulho nacional? Esse hino levou os soldados a Caporetto, onde morreram centenas de milhares.

Desliguei o rádio e me barbeei em silêncio. Silêncio de cemitério.

Jun Fujita Hirose é um amigo japonês que escreve livros sobre cinema. Nas últimas semanas, ele viajou para apresentar a edição argentina de seu livro *Cine-Capital*. Ao voltar de

Buenos Aires, pensou em parar em Madri e Bolonha, onde Billi e eu o esperávamos. Ele é uma pessoa muito agradável e espirituosa, e hospedá-lo por alguns dias é um prazer sempre que ele passa pela Itália, uma vez por ano.

Quando chegou em Madri, o contágio explodia na cidade, por isso foi forçado a parar ali, onde é hóspede de outro amigo querido, Amador Savater. Então, os dois estão passando um tempo juntos, e tenho um pouco de inveja de Amador, porque Jun também é um excelente cozinheiro e eu gosto da culinária japonesa. Fazem um pouco de cine-debate à noite e, algumas noites atrás, viram *O enigma de outro mundo*, de John Carpenter, um filme que cai bem para o momento. Amador escreveu um artigo que li na revista argentina *Lobo Suelto*. Diz ele:

> *O enigma de outro mundo* é uma oportunidade para pensar. Devemos pensar na epidemia como uma interrupção. Uma interrupção dos automatismos, dos estereótipos e do que tomamos como garantido: saúde, sistema de saúde, cidades, alimentos, vínculos e preocupações cotidianas; é preciso repensá-los do zero.

Quando a quarentena acabar – se acabar, e não é certo que acabe –, então estaremos em uma espécie de deserto de regras, mas também em uma espécie de deserto de automatismos.

A vontade humana vai recuperar um papel que com certeza não é preponderante em relação ao acaso (a vontade humana nunca foi determinante, como o vírus nos ensina), mas significativa. Poderemos reescrever as regras e quebrar os automatismos. Porém, isso não vai acontecer pacificamente, é bom saber.

Que formas o conflito vai assumir, não podemos prever, no entanto precisamos começar a imaginá-las. Quem imaginar primeiro ganha – essa é a lei universal da história.

É o que acho, pelo menos.

## 21 DE MARÇO

Cansaço, fraqueza física, dificuldade respiratória leve. Não é nenhuma novidade, acontece muito comigo. É culpa dos remédios para hipertensão e também da asma, que no mês passado foi gentil comigo, talvez porque não queira me assustar com sintomas ambíguos.

Sol leve e céu claro neste primeiro dia lindo de primavera.

Uma amiga de Buenos Aires me escreve:

*llegó el terror,*
*se huele desde la ventana*
*contundente como una flor cualquiera.*[4]

## 22 DE MARÇO

O vice-presidente da Cruz Vermelha Chinesa, Yang Huichuan, chegou à Itália, acompanhado pelos médicos Liang Zongan e Xiao Ning, respectivamente professor de medicina pulmonar no hospital de Sichuan e vice-diretor do Centro Nacional de Prevenção. Cinquenta e oito médicos com experiência em doenças infecciosas chegaram de Cuba.

Há alguns dias, o ministro da Economia alemão, Peter Altmaier, respondeu a um pedido de Trump, negando a possibilidade de transferir direitos exclusivos sobre o desenvolvimento de uma vacina projetada por uma empresa privada em Tübingen. De acordo com as informações publicadas ontem pela *Die Welt*, os Estados Unidos propuseram à empresa farmacêutica alemã CureVac, que está desenvolvendo a vacina contra o coronavírus, o valor de um bilhão de dólares para adquirir o direito

---

4 "o terror chegou,/ sente-se da janela/ forte como uma flor qualquer". [N. E.]

de industrializá-la e, portanto, vender o produto com exclusividade, uma vez que esteja disponível e os testes, concluídos.

Com exclusividade. *America first*. No país de Trump, nos últimos dias, multiplicam-se as filas em frente às lojas que vendem armas. Além de uísque e papel higiênico, compram armas. De forma disciplinada, mantêm a distância regulamentar de um metro, de modo que as filas se perdem no horizonte.

Enquanto isso, o Partido Democrata derrota Sanders e mata a esperança de que seja possível mudar o modelo que reduziu a vida a isso.

Ao mesmo tempo, 81% dos republicanos continuam a apoiar a fera loira Trump.

Não sei o que acontecerá depois que o flagelo terminar, mas uma coisa eu consigo ver claramente. Toda a humanidade desenvolverá pelo povo norte-americano o mesmo sentimento que se espalhou depois de 1945 em relação ao povo alemão – inimigos da humanidade.

Era então algo equivocado, porque muitos alemães antinazistas haviam sido perseguidos, mortos, exilados; e é um equívoco hoje também, porque milhões de jovens americanos apoiaram o candidato socialista à presidência até ele ser eliminado pela máquina do dinheiro e da mídia.

Não importa se está certo ou errado. Não é uma questão política: o horror não é decidido racionalmente, é sentido sem querer. Horror por aquela nação nascida do genocídio, da deportação e da escravidão.


## 23 DE MARÇO

O médico que cuida dos meus ouvidos há quinze anos é um profissional de extraordinária acuidade diagnóstica e também um cirurgião excepcional. Ele me operou seis vezes em dez anos, e todas as operações tiveram resultados impecáveis, permitindo-me prolongar por quinze anos minha capacidade auditiva. Alguns anos atrás, ele decidiu abandonar o hospital público em que operava, portanto, a partir daquele momento tive que ir a uma clínica particular para poder contar com sua competência.

Como não entendia por que ele havia tomado essa decisão, ele me explicou sem meias-palavras: o sistema público à beira do colapso, diante dos cortes decorrentes da situação financeira.

É por isso que o sistema de saúde italiano está no limite, é por isso que 10% dos médicos e paramédicos contraíram a infecção, é por isso que as unidades de terapia intensiva não são suficientes para tratar todos os doentes. Porque aqueles que governaram nas últimas décadas seguiram o conselho de criminosos ideológicos como Francesco Giavazzi, Albert Alesina e companhia. Esses patifes continuarão a escrever seus editoriais? Se o coronavírus forçou toda a nossa população a aceitar a prisão domiciliar, é pedir demais que essas pessoas sejam impedidas de dirigir a palavra ao público?

Não sei se sairemos vivos desta tempestade, mas, nesse caso, a palavra *privatização* terá que ser catalogada no mesmo registro em que está a palavra *Endlösung*.[5]

A devastação produzida por esta crise não deve ser calculada em termos de economia financeira. Devemos avaliar os danos e as necessidades com base em um critério de utilidade. Não temos que enfrentar o problema de equilibrar as contas do sistema financeiro, mas temos, sim, que nos propor garantir a cada pessoa as coisas úteis de que todos precisamos.

Tem alguém que não gosta dessa lógica porque ela lembra o comunismo? Bem, se não há palavras mais modernas, ainda usaremos essa, talvez antiga, porém ainda muito bonita.

---

5 "Solução final" em alemão, definição dada pelos nazistas à política de genocídio voltada sobretudo à eliminação do povo judeu. [N. E.]

Onde encontraremos os meios para lidar com a devastação? Nos cofres da família Benetton, por exemplo, nos cofres daqueles que se aproveitaram de políticos servis para apropriar-se de bens públicos, transformando-os em instrumentos de enriquecimento privado e deixando-os se deteriorar a ponto de matar quarenta pessoas que transitam por uma ponte genovesa.

Na revista *Psychiatry On Line*, Luigi d'Elia escreveu um artigo intitulado "A pandemia é como um Tratamento de Saúde Obrigatório coletivo".

Vou me limitar a resumi-lo.

O TSO é adotado quando as condições psíquicas de uma pessoa as tornam perigosas para si ou para os outros, contudo todo psiquiatra inteligente sabe que não é uma terapia recomendada – na verdade, não é bem uma terapia.

D'Elia aconselha todos nós que estamos na prisão a transformar a atual condição preventiva obrigatória em condição ativamente terapêutica, passando de TSO para TSV (Tratamento Voluntário de Saúde); digamos também que devemos transformar nossa condição de detenção forçada em um processo de autoanálise aberto à autoanálise de outras pessoas.

De tudo o que li até agora, acredito que além de ser a sugestão psicologicamente mais arguta, é também a que apresenta a perspectiva mais ampla, politicamente.

Transformamos a condição de prisão em uma assembleia de autoanálise em massa. D'Elia sugere algo mais preciso. O objeto do cuidado analítico deve ser essencialmente o medo.

"O medo, se bem focado, é o principal motor da mudança. Jung diz claramente: 'onde o medo estiver, lá está sua tarefa'", escreve ele.

Qual é objeto do medo?

É mais de um. Medo da doença, medo do tédio, medo do que o mundo será quando sairmos de casa.

**44**   CRÔNICAS DA PSICODEFLAÇÃO

Mas, como o medo é um mecanismo de mudança, o que precisamos fazer é criar condições para que a mudança seja consciente.

O tédio pode ser trabalhado de maneira psicologicamente útil, porque, como D'Elia diz:

> [...] tédio não é apatia. Apatia é resignação na impotência, é calma, inércia. O tédio é a inquietação, é interiormente muito vital, é a insatisfação, a inquietação. O tédio grita: eu não deveria estar aqui, não é isso que tenho que fazer! Eu tenho que estar em outro lugar para fazer outra coisa!

Dos 26 países europeus, catorze decidiram fechar suas fronteiras. O que resta da União? O que resta da União é o Eurogrupo que se reuniu hoje para discutir as medidas a serem tomadas para enfrentar o colapso previsível da economia europeia.

Duas teses se opõem: a dos países mais afetados pelo vírus, que pedem intervenções de gastos não vinculados ao pacto fiscal criminoso baseado no equilíbrio fiscal que a classe política italiana incauta tornou constitucional.

Holandeses, alemães e outros fanáticos respondem que não: os gastos podem ser feitos, desde que sejam promovidas as reformas. O que isso significa? Que a reforma do sistema de saúde reduza ainda mais as unidades de terapia intensiva e os salários dos trabalhadores dos hospitais, por exemplo?

O fanático mais fanático de todos me parece ser esse fúnebre Valdis Dombrovskis, que deveria procurar emprego em uma funerária, já que tem a aparência necessária para o papel – e esse é um setor em crescimento, graças a pessoas como ele.

## 24 DE MARÇO

Enquanto na Itália a Confindustria se opõe ao fechamento de empresas não essenciais, ou seja, haveria mobilização diária de milhões de pessoas obrigadas a se expor ao risco de contágio – a questão que está surgindo é a dos efeitos econômicos da pandemia. Na primeira página do *New York Times*, um editorial de Thomas Friedman ostenta o título muito eloquente "Get America Back to Work – and fast" [Façam com que os Estados Unidos voltem ao trabalho – e rápido].

Nada parou ainda, mas os fanáticos já estão preocupados em acelerar, em voltar logo ao trabalho e, acima de tudo, em voltar ao trabalho como era antes.

Friedman e a Confindustria têm do lado deles um excelente argumento. Uma interrupção prolongada de atividades de produção levará a consequências inimagináveis do ponto de vista econômico, organizacional e até político. Todos os piores cenários podem ocorrer em uma situação em que as mercadorias começam a faltar, em que o desemprego aumenta e assim por diante.

Portanto, o argumento de Friedman deve ser considerado com o devido cuidado e depois cuidadosamente descartado. Por quê? Não apenas pela razão óbvia de que, se as atividades forem interrompidas por duas semanas e em seguida se voltar às fábricas como antes, a epidemia será retomada com fúria renovada, matando milhões de pessoas e devastando a sociedade para sempre. Essa é apenas uma consideração marginal, do meu ponto de vista.

A consideração que me parece mais importante (cujas implicações teremos que desenvolver nas próximas semanas e meses) é esta: não devemos nunca mais voltar ao normal.

Para começar, a normalidade foi o que tornou o organismo planetário tão frágil a ponto de abrir caminho para a pandemia.

Mesmo antes de a pandemia explodir, a palavra *extinção* começava a se desenhar no horizonte do século. Mesmo antes da pandemia, o ano de 2019 havia mostrado um crescimento impressionante de colapsos ambientais e sociais, que culminaram, em novembro, no pesadelo irrespirável de Nova Delhi e no terrível incêndio na Austrália.

Os milhões de crianças que marcharam pelas ruas de muitas cidades em 15 de março de 2019 para pedir que a máquina da morte fosse detida obtiveram uma conquista. Pela primeira vez, a dinâmica da mudança climática foi interrompida.

Após um mês de *lockdown*, o ar da Padânia tornou-se respirável. A que preço? A um preço muito alto, pago com vidas perdidas e um medo desenfreado, e que amanhã será pago com uma depressão econômica sem precedentes.

Mas esse é o efeito da normalidade capitalista. Retornar à normalidade capitalista seria uma idiotice tão colossal que pagaríamos por isso com uma aceleração da tendência à extinção. Se o ar da Padânia se tornou respirável graças ao flagelo, seria uma idiotice colossal reativar a máquina que torna o ar da Padânia irrespirável, cancerígeno e, por fim, uma presa fácil para a próxima epidemia viral.

Esse é o tema sobre o qual devemos começar a pensar, o quanto antes e abertamente.

A pandemia não causa uma crise financeira. É claro que as bolsas de valores caem e continuarão caindo, e alguém propõe fechá-las (provisoriamente).

"Unthinkable" é o título de um artigo de Zachary Warmbrodt publicado no *Politico*, no qual a possibilidade de fechamento das bolsas é analisada com terror.

Só que a realidade é muito mais radical do que as hipóteses mais radicais. O mercado financeiro já parou, embora as bolsas de valores permaneçam abertas e os especuladores ganhem seu dinheiro sujo apostando na falência e na catástrofe, como fizeram os senadores republicanos William Barr e Lindsey Graham.

A crise por vir não tem nada a ver com a de 2008, quando o problema foi gerado pelos desequilíbrios da matemática financeira. A depressão que se aproxima depende da intolerabilidade do capitalismo para com o corpo humano e a mente humana.

A crise em curso não é uma crise. É um *reset*. Trata-se de desligar a máquina e ligá-la novamente depois de um tempo. Mas, quando tornamos a ligá-la, podemos decidir: ou fazê-la funcionar como antes, com a consequência de nos encontrarmos mais uma vez diante de novos pesadelos. Ou reprogramar, de acordo com a ciência, a consciência e a sensibilidade.

Quando esta história terminar (e, de certo modo, nunca vai terminar, porque o vírus pode retroceder, mas não desaparecer, e podemos inventar vacinas, mas os vírus sofrerão mutações), ainda entraremos em um período de depressão extraordinária. Se pretendemos voltar ao normal, teremos violência, totalitarismo, massacres e a extinção da raça humana até o final do século.

Essa normalidade não deve retornar.

Não temos que nos perguntar o que é bom para as bolsas de valores, para a economia da dívida e do lucro. O mercado se fodeu, a gente não quer mais ouvir falar dele. Temos que nos perguntar o que é útil. A palavra "útil" deve ser o alfa e o ômega da produção, da tecnologia e da atividade.

Percebo que estou dizendo coisas maiores do que eu, contudo precisamos nos preparar para encarar escolhas enormes. E, para estarmos prontos quando esta história terminar, é preciso começar a pensar sobre o que é útil e como podemos produzi-lo sem destruir o meio ambiente e o corpo humano.

E teremos que pensar também na questão mais delicada de todas: quem decide?

Cuidado, quando se levanta a questão "quem decide?", surge a pergunta "de onde vem a legitimidade?".

É com essa pergunta que começam as revoluções.

É a pergunta que teremos que nos fazer, queiramos ou não.

# 26 DE MARÇO

Neve.

Às dez da manhã, acordo, observo, o telhado está branco e cai uma neve espessa. As surpresas não acabam nunca.

Um artigo de Farhad Manjoo toca em um assunto preocupante, quase incompreensível: a falta de material sanitário, como máscaras e ventiladores, que assombra os profissionais de saúde norte-americanos e italianos.

"Como isso é possível?", pergunta Manjoo, que geralmente escreve artigos sobre questões tecnológicas. Como é possível que um país ultramoderno, o país mais poderoso do mundo, que produz aviões invisíveis que voam a uma velocidade supersônica e atacam sem serem vistos pela defesa antiaérea do inimigo, não seja capaz de distribuir máscaras para todas as equipes médicas e paramédicas envolvidas em ações sanitárias em massa para salvar da morte o maior número de pessoas?

A resposta de Manjoo é simples e assustadora:

> A razão pela qual somos privados de material de proteção envolve um conjunto de patologias do capitalismo, especialmente o norte-americano. A atração irresistível pelo baixo custo do trabalho em países estrangeiros e o fracasso estratégico causado pela incapacidade de levar em conta as vulnerabilidades em série que decorrem disso.

Enfim, o fato é que 80% das máscaras são produzidas na China. Nos países que professam a teologia do mercado e da concorrência, elas não são produzidas. Por que fazer isso se podemos investir em produtos que geram lucros altos? Objetos de baixo custo, permitimos que sejam fabricados em países onde os custos de mão de obra são muito baixos.

Manjoo escreve que há apenas 40 milhões de máscaras disponíveis nos Estados Unidos, enquanto os médicos precisam de três bilhões e meio para enfrentar a epidemia nos próximos meses. Portanto, o maior poder militar do mundo tem 1% das máscaras de que precisa. As empresas que podem começar a produzir esse objeto muito simples e raro afirmam que leva alguns meses para ativar a produção em massa. O suficiente para o vírus transformar grandes cidades dos EUA em enfermarias.

Está circulando uma teoria de que o vírus foi conscientemente produzido pelos militares norte-americanos para atingir a China. Se assim fosse, teríamos de admitir que os militares norte-americanos são tipos bem despreparados. A cada dia que passa, de fato, espalha-se a sensação de que os Estados Unidos serão o país onde a epidemia causará mais danos.

## 27 DE MARÇO

Às onze da manhã, fui à farmácia. Fazia duas semanas que não saía de casa.

Estava chuviscando um pouco, mas meu capuz preto protegia minha cabeça. Andei pela Via del Carro, depois atravessei a Piazza San Martino, havia uma fila em frente ao supermercado na Via Oberdan. Caminhei pela Via Goito, atravessei a Via dell'Indipendenza inacreditavelmente deserta. Peguei a Manzoni, finalmente entrei na Parigi e cheguei à Farmácia Regina, onde havia pedido os remédios para asma e hipertensão, que começam a escassear no meu armarinho. Poucas pessoas nas ruas. Em frente à farmácia, cinco pessoas esperavam na fila. Todos usavam máscaras, algumas verdes, outras pretas, outras brancas. Distância de dois metros entre nós, em uma espécie de dança silenciosa.

A União Europeia fede a coisa podre. Fede a avareza, mesquinhez, desumanidade. Desde a metade de 2015, quando todos assistimos à demonstração de arrogância e cinismo com que o Eurogrupo humilhou o povo grego e sua vontade democraticamente expressa, impondo medidas devastadoras para a vida do país, desde aqueles dias, penso que a União está morta e os líderes do norte da Europa são mesquinhos e ignorantes, incapazes de pensar e de sentir.

A violência que eclodiu contra os migrantes a partir daquele ano, o fechamento de fronteiras, a criação de campos de concentração, a entrega de refugiados ao sultão turco e aos torturadores líbios me convenceram de que, além de a União Europeia ser um projeto falido, a esmagadora maioria da população europeia é incapaz de assumir a responsabilidade pelo colonialismo e, portanto, está disposta a apoiar as políticas de concentração, a fim de proteger sua miserável prosperidade.

Hoje, porém, nessa reunião em que os representantes dos países europeus discutiram a proposta italiana de dividir o peso econômico da crise da saúde, acho que o limite foi ultrapassado. Diante da proposta de emitir os chamados coronabonds, ou, seja como for, recorrer a medidas de intervenção ilimitada que não se transformem em dívidas para os países mais fracos, representantes de Holanda, Finlândia, Áustria e Alemanha responderam com frieza. Disseram mais ou menos o seguinte: adiamos tudo por catorze dias. Vamos ver se a epidemia afeta os países nórdicos com a mesma violência com que atingiu a Itália e a Espanha. Nesse caso, voltaremos a falar sobre isso. Caso contrário, não se fala mais nisso.

Essas não são exatamente as palavras proferidas pelo senhor Mark Rutte, holandês, e seus companheiros. Mas o sentido do adiamento é exatamente esse.

O sr. Boris Johnson testou positivo. Pegou o vírus. O ministro da Saúde dele também. Seria de mau gosto brincar com os infortúnios dos outros, por isso não comento. Eu me limito a lembrar que, há uns dez dias, Johnson havia dito:

FEVEREIRO – MAIO 2020 **51**

"Infelizmente muitos de nossos entes queridos vão morrer", propondo a teoria de que meio milhão de pessoas deveria morrer para que se desenvolvessem as barreiras imunológicas necessárias para a resistência ao vírus. É a seleção natural, a filosofia que o neoliberalismo thatcheriano herdou do nazismo hitleriano, a filosofia que governou o mundo nos últimos quarenta anos.

Às vezes não funciona.

## 28 DE MARÇO

Na escuridão azulada de uma imensa e vazia praça de São Pedro, a figura branca de Francisco sob uma grande tenda branca iluminada. Ele fala com as pessoas que não estão lá, mas o ouvem de longe. Abre os braços e os estende em direção às colunas que abraçam Roma e o mundo. E diz coisas impressionantes, do ponto de vista teológico, filosófico e político.

Diz que esse flagelo não é um castigo de Deus. Deus não castiga seus filhos. Francisco fez da misericórdia a marca de seu papado, desde as primeiras palavras que proferiu, após a ascensão ao trono de Pedro, em uma entrevista publicada em *La Civiltà Cattolica*.

Não é um castigo divino. Então, o que é? Francisco responde: é um pecado social que cometemos. Pecamos contra nossos semelhantes, pecamos contra nós mesmos, contra nossos entes queridos, contra nossas famílias, contra migrantes, refugiados, pobres e trabalhadores precarizados.

Depois, acrescenta que fomos estúpidos em acreditar que podemos ser saudáveis em uma sociedade doente.

Às onze horas da manhã, meu primo Tonino me telefonou, ele é médico também (são todos médicos e eu não havia notado?). Com sua voz apressada de sempre, perguntou como eu estava e fez uma das piadas pelas quais sempre foi famoso na família: *"Qui gatta ci covid"*.[6]

## 29 DE MARÇO

Peo é para mim um amigo, um companheiro, mas também é médico e é meu médico há muitos anos. Ele cuidou muitas vezes da minha saúde precária, em várias ocasiões. Quando ia à clínica dele, onde sempre havia uma fila quilométrica de pacientes de todos os tamanhos e cores, esperava horas para ser atendido; ele então me examinava, fazia diagnósticos profundos como poemas e precisos como bisturis e sugeria tratamentos múltiplos e libertários.

Então, quando se aposentou, há cerca de seis meses, foi para o Brasil, onde moram sua companheira e os dois filhos mais velhos e onde exerceu sua profissão no início do século.

Algumas semanas atrás, de repente, voltou para a Itália, onde mora seu filho mais novo, Jonas, que estava para se formar (ele se formou, só que via Skype).

Peo planejava voltar logo depois, porém, como todos, acabou ficando preso. Mora sozinho em um pequeno apartamento na Via del Broglio e hoje de manhã veio debaixo da minha janela e me chamou. Saí na varanda e conversamos por alguns minutos.

Em seguida, ele foi embora caminhando rapidamente.

António Costa, primeiro-ministro de Portugal, deu uma entrevista coletiva em resposta ao ministro das Finanças holandês, Wopke Hoekstra, que, durante o fracassado Conselho Europeu de quinta-feira, pediu que uma comissão iniciasse

---

6    Uma brincadeira com a expressão *"Qui gatta ci cova"*, usada em italiano quando alguma coisa ou uma situação é estranha ou pouco convincente. Literalmente, "Aqui a gata choca". [N.T.]

uma investigação sobre os (obscuros?) motivos pelos quais alguns países afirmam não ter margem orçamentária para lidar com a emergência do coronavírus, apesar de a Zona do Euro estar em crescimento há sete anos. Hoekstra não mencionou nomes, entretanto era evidente que se referia à Itália e à Espanha – os países da União Europeia mais afetados até o momento e líderes do "grupo dos nove" que apoiam a necessidade de eurobonds. Portanto, Hoekstra quer um julgamento contra os países em que a pandemia foi mais forte.

"Esse discurso é repugnante no contexto da União Europeia", disse o líder socialista português em entrevista coletiva. "E digo repulsivo porque não estávamos preparados, ninguém estava preparado para enfrentar um desafio econômico como vimos em 2008, 2009, 2010 e nos anos seguintes. Infelizmente, o vírus afeta todos nós da mesma maneira. E, se não nos respeitarmos e não entendermos que, diante de um desafio comum, devemos ser capazes de dar uma resposta comum, não entendemos nada sobre o que é a União Europeia... Esse tipo de resposta é absolutamente irresponsável, é uma maldade repugnante e prejudica o espírito da União Europeia. É uma ameaça para seu futuro. Se a União Europeia quiser sobreviver", concluiu Costa, "é inaceitável que um líder político, de qualquer país, possa dar essa resposta."

Recebi uma carta pelo correio. Dentro havia um cartão-postal, não assinado, no qual havia uma pequena quantidade de haxixe. Talvez alguém que tenha lido que eu ia ficar sem e tenha mandado. Agradeço de todo o coração.

Nos jornais está a foto de Edi Rama, primeiro-ministro da Albânia.

Com um gesto de grande nobreza, ele enviou à Itália trinta médicos de seu pequeno país. Acompanhou-os até o aeroporto, onde, cercado por aqueles rapazes vestidos de uniforme branco, fez um discurso em italiano.

Disse que seus médicos, em vez de ficarem na Albânia como reservas, vêm para cá, onde há mais necessidade de ajuda. Também encontrou uma maneira de acrescentar que os albaneses são gratos aos italianos (ele é generoso demais) por tê-los recebido e acolhido nos anos mais difíceis e, portanto, estão felizes em nos ajudar, "ao contrário de outros que, apesar de muito mais ricos do que nós, viraram as costas para vocês".

Muito bem Edi, meu velho amigo.

Eu o conheci em Paris em 1994, quando ele morava na casa de uma amiga minha.

Ele me disse que havia estudado na Academia de Belas-artes de Tirana e contou um episódio muito engraçado. Na época de estudante, nos dias da autarquia absoluta de Enver Hoxha, Edi queria ver as obras daquele tal Picasso, de quem tinha ouvido falar. O diretor da Academia o pegou e o levou para o escritório, trancou, puxou um livro de uma prateleira, abriu-o nas páginas dedicadas a Picasso e, segurando o livro nas mãos, mostrou ao jovem as obras secretíssimas que ele queria ver.

Em Paris, Edi Rama era pintor; ele ia ao metrô à noite, rasgava cartazes publicitários e os pintava. Tenho um de seus trabalhos em casa, que mostra um pé esverdeado esmagando um microfone multicolorido. Surrealismo pós-*techno*.

Depois, em 1995, ele veio à Itália quando eu trabalhava no consórcio University City. Então o convidei para dar uma palestra no auditório de Santa Lucia.

Muitos albaneses vieram e houve uma grande confusão, todo mundo falava ao mesmo tempo. Edi tomou a palavra e todos ficaram em silêncio.

Logo depois, já de volta à Albânia, houve a Revolta de 1996, depois do colapso financeiro causado pelo esquema de pirâmide e, naquele momento, o ex-exilado se tornou ministro da Cultura.

FEVEREIRO – MAIO 2020

Ele me convidou para ir visitá-lo. Fui a Tirana em um avião russo, o aeroporto parecia uma feira, velhas vestidas de preto que esperavam, com gestos largos, filhos e maridos, animais, gritos, uma loucura. Mas lá fora havia um carro preto com vidro azul à minha espera.

Atravessamos a cidade, que era toda cinzenta, quase fantasmagórica. Nos anos seguintes, quando Edi se tornou prefeito, repintaram todos os muros de cores diferentes.

O carro preto com vidro azul me levou ao Ministério da Cultura, onde ele estava me esperando.

O Ministério estava totalmente vazio. Não havia nada, nem mesmo cadeiras para sentar, apenas poeira e corredores pintados em amarelo descascado. Edi estava à minha espera em um cômodo vazio, vestido como um explorador inglês na África, com bermuda de sarja branca e uma jaqueta com grandes bolsos verdes.

A gente se abraçou e ele se desculpou pelo ambiente um pouco vazio. Você sabe quanto tenho de orçamento? Zero vírgula zero zero. Os albaneses eram muito pobres, mas o lugar estava cheio de pessoas criativas, educadas e cosmopolitas.

Porém, Edi me disse, Walter Veltroni me prometeu que enviaria algum dinheiro. Espero que tenha enviado de verdade.

Ele me hospedou em uma casa proletária de um amigo seu, onde se fumava maconha o dia inteiro. Passei uma semana maravilhosa em Tirana, conheci um grupo de garotos de uma organização de voluntários da Toscana. Então peguei um ônibus e deixei Tirana para visitar Berat, a cidade das mil janelas. Durante a viagem, um cara me convidou para visitar sua casa e mostrou que debaixo da cama tinha dois ou três Kalashnikovs.

Gostaria de voltar a Berat, mas às vezes me pergunto se, no futuro que nos espera, será possível viajar.

Confesso que é a pergunta que mais me atormenta nestes dias calmos.

Imagens preocupantes chegam da Índia, após o *lockdown* decidido pelo governo. Longas filas em frente aos bancos, colunas de pessoas saindo das cidades para retornar aos vilarejos. Especialmente aqueles que tinham trabalhos sazonais e agora se encontram na miséria total. Em toda a parte, a ditadura neoliberal de trinta anos criou condições de precariedade social e fragilidade física e mental.

Cedo ou tarde, será necessário um Nuremberg para pessoas como Tony Blair, Matteo Renzi e Narendra Modi. O neoliberalismo que inocularam em nossas células provocou destruição em uma esfera profunda, atacou a própria raiz da sociedade, o genoma linguístico e psíquico da vida coletiva.

## 30 DE MARÇO

Micah Zenko escreve no *Guardian* que a disseminação do vírus é a maior falha de inteligência da história dos EUA. A cada dia as notícias de Nova York se tornam mais dramáticas. O governador Cuomo toma decisões que contradizem explicitamente as recomendações de Trump.

Agrava-se o racha entre a presidência e os centros metropolitanos de poder se agrava. Um editorial de Roger Cohen, do *New York Times*, chamou minha atenção. O artigo é uma peça de literatura humana com um tom lírico. Mas é, acima de tudo, um alerta para o futuro político (e também para a saúde) dos Estados Unidos.

Traduzo algumas passagens.

Esta é a primavera silenciosa. O planeta ficou quieto, tão quieto que você quase o escuta girar ao redor do sol, sente sua pequenez, pela primeira vez imagina a solidão e a transitoriedade de estar vivo.

É a primavera dos medos. Uma garganta rouca, um espirro, e a mente começa a viajar. Vejo um rato solitário vagando na Front Street, no Brooklyn, um saco de lixo rasgado por um cachorro, e sinto uma vertigem apocalíptica que mistura miséria e sujeira.

Pedestres aqui e ali em ruas vazias parecem sobreviventes de uma bomba de nêutrons. Um patógeno medindo um milésimo de um fio de cabelo humano [...] deixou em suspenso a civilização e despertou a imaginação. [...]

Está na hora de uma reinicialização total. Na França, um *site* indica às pessoas o raio de um quilômetro de suas casas, e é por onde podem andar. É uma medida do mundo que encolheu para todos.

Então, depois de alguns acordes líricos bem-sucedidos, Cohen chega ao ponto. E o ponto é bastante interessante, se pensarmos que ele não é um bolchevique, e sim um pensador liberal esclarecido, bem distante do socialismo sandersiano:

A tecnologia aperfeiçoada para que os ricos possam globalizar seus ganhos também criou o mecanismo perfeito para globalizar o pânico que faz despencar as carteiras de ações.

Algumas vozes místicas sussurram: façamos as coisas de maneira diferente depois que acabar esse flagelo, com mais equidade, de modo mais ecológico, ou seremos devastados novamente. [...]

Não é fácil resistir a esses pensamentos, e talvez não devamos resistir; caso contrário, não teremos aprendido nada.

Nesse ponto, Cohen afunda sua lâmina:

Em um ano eleitoral, tem sido intolerável testemunhar a mistura de completa incompetência, egoísmo voraz e desumanidade preocupante com a qual o presidente Trump respondeu à pandemia, e não temer alguma forma de coronagolpe. O pânico e a desorientação são precisamente os elementos nos quais prosperam os aspirantes a ditador. O perigo de uma derrapagem autocrática em 2020 é tão grande quanto o próprio vírus.

Este é o mundo de Trump hoje: inconsistente, incoerente, não científico, nacionalista. Nem uma palavra de compaixão pelo aliado italiano afetado (em vez disso, os Estados Unidos pedem discretamente testes à Itália, levados a Memphis pela Força Aérea norte-americana). [...] Nem uma palavra de decência pura e simples, [...] apenas egoísmo, pequenez e bravata.

[...] Ele, um germofóbico, espalhou o germe da falsidade.

No mesmo jornal, porém, li que a aprovação de Trump nunca foi tão alta: a maioria dos norte-americanos, e especialmente o povo da Segunda Emenda,[7] aqueles que têm armas em casa, estão do seu lado, sentem-se tranquilizados por sua arrogância.

Pressentimentos sombrios sobre o futuro dos EUA.

## 1º DE ABRIL

No *site* do Institute of Network Cultures, o centro de pesquisa de Amsterdã fundado por Geert Lovink, li um artigo assinado por Tsukino T. Usagi, "The Cloud Sailor Diary: Shanghai Life in the Time of Coronavirus" – o último mês em Xangai, narrado por um jovem trabalhador precarizado em um estilo introspectivo e delirante. Traduzo uma passagem:

No dia seguinte à notícia oficial confirmando o início da epidemia, fui dar uma volta na orla de Xangai. A vista do rio Huangpu estava tomada por uma forte neblina. Belo. Tóxico. Uma visão apocalíptica, de fato.

———

7 Referência à Segunda Emenda da Constituição dos Estados Unidos, que protege o direito da população e dos policiais de manter ou portar armas ou qualquer equipamento de "legítima defesa". [N. T.]

À noite, comecei a me sentir mal. Um resfriado ou uma gripe, pensei. No dia seguinte, fui trabalhar como todos os dias. O mal-estar aumentou. Tive sintomas como febre, garganta seca, dificuldade para respirar. Tal como era descrito nas notícias sobre a infecção por coronavírus. Pensei: "Será que chegou a hora da minha morte?". Tinha medo. Mas não entrei em pânico. Comecei a reconstruir os cenários na minha cabeça, revisando o que poderia ter causado os sintomas: eu estava em um vagão do metrô cheio de passageiros desconhecidos. Alguns deles poderiam ter o vírus. Uma das minhas colegas estava tossindo no escritório há três semanas. [...] O ar estava tão poluído. Era terrível. [...] Mesmo antes do coronavírus, a fumaça carregada pelo vento poderia ter me matado. Por que, então, quando olho para o ar agora, vejo apenas a ameaça do corona? Será que todas as outras ameaças desapareceram?

[...] A civilização humana corre sobre uma máquina de movimento perpétuo, impulsionada por linhas de reprodução aleatória. A fábrica de reprodução global não tem sede. É a infraestrutura mais descentralizada, mais sem propósito e mais controlada. A Índia é conhecida globalmente como fábrica de reprodução de trabalho de TI de baixo custo, cuja contribuição para o vale do Silício e outras regiões tecnológicas foi subestimada. Atualmente, os cientistas estão procurando novas maneiras de lidar com o medo da morte. O mundo um dia preferirá filhos mecânicos no lugar de filhos humanos. [...] Mas isso não impedirá a extinção.

## 2 DE ABRIL

São Francisco de Paula. O dia do meu onomástico.

"A voz é o instrumento que quebra o silêncio que está lá fora e também dentro do deserto digital", me escreve meu amigo Alex, no final de uma meditação enigmática e muito densa.

Espalham-se as controvérsias entre a região da Lombardia e o governo central, procura-se a responsabilidade por isso e aquilo. Não é de surpreender que mestres cínicos como Matteo Renzi e Matteo Salvini o façam, o trabalho deles é especular sobre os infortúnios dos outros – tudo para serem notados. Mas acho que é uma discussão desnecessária no momento. Não apenas porque, no auge da epidemia, é obviamente melhor concentrar a atenção no que precisa ser feito do que atacar o que não foi feito. Acima de tudo, entretanto, porque as responsabilidades reais não são daqueles que nos últimos meses estão tentando operar em uma situação difícil.

A responsabilidade é daqueles que, nos últimos dez anos, e na verdade nos últimos trinta anos, desde Maastricht, impuseram o caminho da privatização e do corte dos custos do trabalho.

Foi graças a essa política que o sistema público de saúde foi enfraquecido, as unidades de terapia intensiva se tornaram insuficientes, cortaram-se o financiamento e o número de unidades básicas de saúde, e pequenos hospitais foram fechados.

No final desta história, tentarão jogar a culpa em algum funcionário ou governante. A esquerda culpará a direita e a direita culpará a esquerda. Não caiamos na armadilha. Seria preciso ser, isso sim, bem radical. A direita e a esquerda são igualmente responsáveis pela devastação produzida pelo dogma neoliberal compartilhado por todos.

E, acima de tudo, será uma questão de destinar recursos para a saúde pública, para a pesquisa, será uma questão de encontrar os recursos onde eles estão nos dias de hoje.

Reduzir drasticamente os gastos militares e destinar esse dinheiro para a sociedade.

Expropriar sem indenização aqueles que se apropriaram de bens públicos, como rodovias, transporte ferroviário e água.

Redistribuir renda por meio de um imposto patrimonial.

Esse programa deve ser consolidado e ampliado, envolvendo associações, pessoas e instituições.

## 3 DE ABRIL

Comecei a ler *A History of the American People*, de Paul Johnson, historiador de direita, muito nacionalista, apologista da missão dos EUA.

Tento reconstruir os fios que teceram a civilização norte-americana porque me parece que essa trama está se esgarçando rapidamente.

O esgarçamento começou depois do 11 de setembro de 2001, quando o gênio estratégico de Bin Laden e a idiotice tática de Dick Cheney e George Bush empurraram o maior gigante militar de todos os tempos para uma guerra contra si mesmo, a única que poderia perder. Perdeu, e continua perdendo, a tal ponto que essa guerra interna (social, cultural, política, econômica) acabará trucidando o monstro por dentro.

Os Estados Unidos estão à beira de uma guerra civil desde 2016.

Agora parece que Trump está se preparando para vencer a eleição de novo. Tem a aprovação de mais ou menos metade do povo norte-americano. Aquela parte que nos últimos dias se apressou em comprar armas como se ainda não tivesse o suficiente.

A outra metade (isto é, o FBI, uma parte do Exército, o estado da Califórnia, o estado de Nova York e vários outros estados, e em especial as grandes cidades) está aterrorizada, ofendida pela agressão do presidente, e hoje se sente abandonada à fúria do vírus, que afeta mais fortemente as grandes concentrações cosmopolitas e talvez menos as cidadezinhas do Meio-Oeste.

Trump disse que não será gentil com os governadores que não foram gentis com ele. De fato, a Califórnia não recebe do governo central recursos para a saúde.

Então, eu me pergunto por que a Califórnia não se recusa logo a contribuir com o orçamento federal.

Naquele país onde o mercado de trabalho é uma selva cruel e desregulada, 10 milhões de trabalhadores ficaram desempregados em três semanas – 10 milhões, e estamos no começo.

É claro que não sei como as coisas evoluirão, mas acredito que, após a epidemia, nos Estados Unidos haverá efeitos mais devastadores do que em outros lugares, porque a cultura privatista e individualista é um convite de casamento para o vírus; algo enorme acontecerá.

O povo da Segunda Emenda contra as grandes cidades e vice-versa.

Uma guerra de secessão de forma esparsa?

Eu estava lendo *La Repubblica* no banheiro hoje de manhã e vi a foto dele em uma barra na página 3, onde há uma lista de 68 médicos que morreram enquanto faziam seu trabalho no auge da epidemia. Valter Tarantini era o mais bonito da seção D da escola Minghetti. Certamente o mais bonito, não havia competição. Loiro, alto, olhos claros, sorriso irônico, alegre e despreocupado, ele gostava de mim, mesmo que eu parecesse mal-humorado e lesse *O Capital* de Marx, talvez gostasse de mim justamente por isso. Tínhamos sido colegas de classe no segundo e no terceiro colegial. Eu, ele, Pesavento e Terlizzesi no fundo da sala. Éramos um quarteto anárquico, muito diferentes, mas mesmo assim amigos.

Valter morava em um apartamento burguês no quinto andar da Via Rizzoli 1, bem em frente à torre Garisenda. Eu ia à casa dele à tarde para lhe explicar um pouco de filosofia, porque ele não queria ler o livro de Ludovico Geymonat. Tinha outras coisas na cabeça, nada a ver com Hegel e Kant; na verdade, ele gostava muito de garotas, queria ser ginecologista, dizia, e realmente fez isso, veja que estúpido. Era médico em Forlì e é um dos 68 médicos que morreram no trabalho.

Fiquei com um nó na garganta, que horrível ver a sua pequena foto. O dr. Tarantini tinha 71 anos, porém pela foto se via que ainda era bonito, com um sorriso ao mesmo tempo gentil e desdenhoso. Nunca mais o vi depois das provas no verão de 1967, e agora sinto muito, sinto vontade de chorar porque não fui ao jantar dos velhos colegas de escola há cerca de dez anos e sei que ele perguntou por mim. Nunca mais o vi, no entanto realmente me lembro como se fosse ontem, que frase imbecil essa que saiu da minha boca. Como se fosse ontem... Mas pense um pouco, eu o vi pela última vez há 52 anos, nunca mais o tinha visto até hoje de manhã, no banheiro, no *La Repubblica*, em uma pequena foto na terceira página.

## 4 DE ABRIL

Lucia encontrou uma foto em preto e branco e a enviou para o meu celular.

Na foto, uma mulher jovem e bonita, vestida como se vestiam as meninas nos dias de festa nos anos 1930. Há uma menina com ela. No fundo, um edifício que logo reconheço. A mulher e a menina caminham na Ugo Bassi; no fundo, a fachada triangular do edifício que divide Pratello de San Felice. A jovem olha para a frente, com um olhar um pouco ausente, e a menininha quase se agarra a sua mão, parece exigir atenção, contudo a mulher não olha para ela, não se vira para ela, olha para a frente, olha ao longe.

Aquela mulher é a minha mãe e a garota é sua prima Maria.

Imediatamente me perguntei quem tirou a foto, quem está segurando a câmera. É Marcello, tenho certeza, o namorado dela, Marcello. O avô Ernesto permitia que Dora saísse com ele nos feriados, mas só acompanhada por alguém, um irmão ou uma menina. Dora tem uma expressão irritada, um pouco arrogante, talvez estivesse aborrecida com a presença indesejada da prima. Ela não se vira para olhá-la, olha para ele, para o fotógrafo que capturou aquele instante. Olha para frente, para o futuro que ela imagina, naquele dia primaveril de festa, no final dos anos 1930, quando minha mãe tinha pouco mais de vinte anos e a tragédia parecia estar longe. Então veio a tragédia da guerra que devastou a vida e abalou o futuro que ela esperava.

## 6 DE ABRIL

"*A Grim Calculus*".

A manchete da *Economist* desta semana já diz tudo. *Grim* significa: tétrico, sombrio e até feroz.

Um cálculo triste que somos forçados a fazer.

De que cálculo fala a revista que representa o pensamento econômico liberal há um século e meio, é fácil entender.

Quanto a pandemia de coronavírus nos custará em termos econômicos e que tipo de raciocínio somos forçados a fazer, tendo que escolher entre duas alternativas: parar tudo e bloquear quase completamente a produção e a distribuição, enfim, toda a máquina da economia, ou aceitar a possibilidade de uma hecatombe?

Leio na revista de Londres:

O governador de Nova York, Andrew Cuomo, declarou que "não vamos colocar um preço na vida humana". Foi o grito de guerra de um homem corajoso cujo estado está sobrecarregado. No entanto, deixando de lado todos os compromissos, Cuomo efetivamente defende uma escolha – uma escolha que não leva em conta as consequências que isso trará para toda a comunidade mais ampla. Pode parecer cruel, mas colocar um preço na vida [...] é exatamente o que os líderes terão que fazer para encontrar uma saída durante os meses turbulentos que estão por vir. Como naqueles leitos de hospital, às vezes fazer escolhas é inevitável.

[...]. No momento, o esforço para combater o vírus parece estar destinado a consumir todos os nossos recursos.

[...] Mas numa guerra ou pandemia, os líderes não podem eximir-se do fato de que toda ação impõe grandes custos econômicos e sociais.

[...] Até o verão, as economias sofrerão perdas de dois dígitos em termos de Produto Interno Bruto quadrimestral. As pessoas vão ter passado meses dentro de casa, o que prejudica tanto a coesão social como a saúde mental. Um ano inteiro de *lockdown* pode custar às economias europeias e norte-americana um terço do Produto Interno Bruto (PIB). Os mercados entrariam em colapso e os investimentos seriam adiados. A capacidade da economia se enfraqueceria enquanto a inovação cessa e as habilidades se deterioram. No fim, mesmo que muitas pessoas estejam morrendo, o custo do distanciamento social pode superar os benefícios. Esse é um aspecto da escolha que temos diante de nós que ninguém conhece ainda.

Tudo claro. A *Economist* nos coloca diante de um raciocínio que pode parecer brutal, mas é simplesmente realista. Uma manchete da revista diz "*Hard-headed is not hard-hearted*". Ter uma cabeça lúcida não significa ter um coração de pedra.

Como negar? Graças à decisão de interromper o fluxo de atividades sociais e o ciclo da economia, os líderes políticos com certeza salvaram milhões de vidas nos próximos três, seis, doze meses. Entretanto – observa a revista com coerência intransigente –, isso nos custará um número muito maior de vidas no tempo futuro. Estamos evitando a hecatombe que o vírus pode nos custar, mas que cenários preparamos para os próximos anos, em escala global, em termos de desemprego, colapso das cadeias de produção e rede de distribuição, em termos de dívidas e falências, empobrecimento e desespero?

Parem um momento.

O editorial da *Economist* é razoável, coerente, irrefutável. Mas apenas num contexto de critérios e prioridades que corresponde à forma econômica que chamamos de capitalismo. Uma forma econômica que torna a alocação de recursos e a distribuição dos bens dependentes da participação na acumulação de capital. Ou seja, faz com que a possibilidade concreta de acessar bens úteis dependa da posse de títulos monetários abstratos.

Bem, esse modelo, que tornou possível a mobilização de enormes recursos para a construção da sociedade moderna, transformou-se em uma armadilha lógica e prática para a qual não encontrávamos saída. Agora a saída se impôs, de maneira automática e, infelizmente, com violência. Não a violência das revoluções políticas, e sim a violência de um vírus. Não a decisão consciente de forças dotadas de vontade humana, e sim a inserção de um corpúsculo heterogêneo como a vespa em relação à orquídea, um corpúsculo que começou a proliferar até o organismo coletivo ser interditado, incapaz de produzir, incapaz de continuar.

Isso interrompeu a reprodução, sugou somas imensas de dinheiro que se revelaram de pouca ou nenhuma serventia. Paramos de consumir e de produzir, e agora estamos aqui, olhando o céu azul pela janela e nos perguntando como tudo isso vai acabar.

Mal, muito mal, diz a *Economist*, para quem a interrupção do ciclo de crescimento e acumulação parece ser um evento catastrófico que pagaremos com fome, miséria e violência.

Permito-me discordar da catástrofe da *Economist* porque entendo a palavra *catástrofe* de uma maneira diferente, cuja etimologia nos fornece o significado de "mudança radical que permite ver outro panorama". *Kata* pode ser traduzido como "além", e *strofein* significa "mover-se, mudar de lugar".

Então fomos além, finalmente conseguimos fazer aquele movimento que as lutas conscientes e eloquentes de cinquenta anos atrás não foram capazes de realizar. Tudo parou, ou quase tudo, agora é uma questão de reiniciar o processo, mas de acordo com um princípio diferente – o princípio da utilidade, e não o da acumulação de valor abstrato. O princípio da igualdade frugal de todos, não o da competição e da desigualdade.

Seremos capazes de desenvolver esse princípio para reiniciar a máquina – não aquela que trabalhava sem parar, mas uma máquina elástica, uma máquina talvez um pouco mais instável e certamente mais econômica, porém amiga?

Seremos capazes? Não sei, e acima de tudo não sei quem seria esse "nós" ao qual a minha pergunta alude. Seremos capazes: *quem*?

Não é mais política, não é a arte do governo. A política é incapaz de qualquer governo e, sobretudo, é incapaz de compreender. Os pobres políticos parecem estar embasbacados, perdidos, assustados.

O novo jogo, o da proliferação rizomática de corpúsculos ingovernáveis, convoca o conhecimento, não a vontade.

Portanto, não mais a política, mas o saber.

Qual saber?

Não o saber dos economistas, incapazes de sair da casa de espelhos da valorização, que traduz o produto em termos abstratos de cálculo monetário e aumenta o volume da destruição ao aumentar o volume do valor abstrato. Mas aquele saber concreto, um saber que não traduz lucro em valor, e sim em prazer, em riqueza.

Por acaso precisamos de aviões de combate F-35? Não, não precisamos, eles são inúteis, exceto para fazer as contas fecharem em uma aliança militar inútil e para fazer trabalharem operários que poderiam produzir, com muito mais utilidade, latinhas de atum.

Mesmo porque você sabe quantas unidades de terapia intensiva podem ser criadas com o mesmo valor gasto com um único avião de combate F-35? Duzentas.

**68** CRÔNICAS DA PSICODEFLAÇÃO

Já sei, essas são conversas de quem não tem o que fazer, quem não sabe quão complexas são as relações de interdependência etc. etc. O.k., vou ficar calado e vamos ouvir o discurso dos realistas que repetem a música de sempre: "Se quisermos manter o emprego nos níveis atuais, devemos produzir armas, certo?", dizem os realistas da *Economist* e também os de direita e os de esquerda.

Então, continuaremos fabricando armas para fazer com que todas essas pessoas trabalhem oito, nove horas por dia. E, em um mês ou um ano depois da epidemia, virá a miséria em massa e depois a guerra. E a extinção – da qual desta vez só tivemos uma pequena demonstração – virá nos encontrar em seu lindo cavalo branco, como no *Triunfo da Morte* que pode ser visto em Palermo, no interior do Palazzo Abatellis.

E se, em vez disso, trabalharmos apenas o necessário para produzir o que é útil? E se dermos renda a todos, independentemente do tempo de trabalho (inútil)?

E se pararmos de pagar pelos aviões inúteis que já compramos? E se a gente se lixasse para os acordos internacionais que nos forçam a pagar quantias enormes pela guerra?

Então, esses discursos não são mais de um extremista, mas o único realismo possível. *There is no alternative* ;-)

Minha amiga Penny me escreve de Londres: "*I just sit and write – this strange life has become familiar and calming but there is always calm before the storm*" [Eu apenas sento e escrevo – essa vida estranha tornou-se familiar e relaxante, mas sempre há calmaria antes da tempestade].

Antes da tempestade sempre há um silêncio estranho.

Como se dissesse: a melhor parte virá quando o vírus cansado for embora. Nesse ponto, os tolos vão pensar que é hora de voltar ao normal.

Os sábios se preparam para a tempestade maior.

## 7 DE ABRIL

Depois de dois meses quase totalmente desaparecida, hoje a asma voltou e me assombrou o dia todo. Deitado na cama, ofeguei com falta de ar e sem forças para fazer qualquer coisa.

À noite saio para levar o lixo: orgânico, vidro, indiferenciado. Ando devagar pela pequena praça embaixo de casa. O Hotel San Donato Best Western está fechado, vedado com as portas de aço baixadas. Ando um pouco pela Via Zamboni para ver as torres. Não há ninguém nesta rua que, desde o século XII, na primavera, fica lotada de estudantes paquerando.

## 8 DE ABRIL

Tomo meu café e olho para a praça ensolarada. Vejo de novo aquela garota saindo de sob a marquise, talvez more sozinha em um estúdio na Via del Carro. Ela usa um macacão com bordas amarelas, segura o celular na mão e faz movimentos de ginasta. Movimentos um pouco desajeitados, levanta a perna direita e permanece assim por alguns segundos, mas o celular chama sua atenção, por isso agora levanta a perna esquerda olhando para o celular, depois se vira para a parede, descansa os braços e faz com a cabeça alguns movimentos para frente e para trás. Meu telefone toca, eu me afasto. Me ligam de Milão para perguntar se posso enviar uma gravação para a Radio Virus, a rádio de Macau.

Volto para a janela, a garota foi embora.

Se não fosse pelo fato de seu representante terreno proibir que se considere a doença como um castigo de Deus, eu concluiria que o Senhor é um velho espirituoso. Primeiro, ele mandou Johnson à UTI, depois Yaakov Litzman, o ministro homofóbico de Israel, testou positivo.

Infelizmente, esta é a única notícia reconfortante que vem daquele país de racistas. De resto, a crônica política israelense fala da briga interminável entre o torturador Benjamin Benny Gantz, o corrupto Benjamin Netanyahu e o nazista Avigdor Lieberman. Talvez promovam a quarta eleição em menos de um ano, enquanto o mundo se desfaz à sua volta, mas estão ocupados demais brigando entre si para se dar conta disso.

Segundo a Organização Internacional do Trabalho (OIT) de Genebra, a pandemia fará com que o número de desempregados aumente para cerca de 25 milhões no próximo ano. Houve mais de 10 milhões de demissões nos Estados Unidos em duas semanas, e espera-se que o número aumente nos próximos dias. São números sem precedentes, para usar uma das expressões mais em voga nos dias de hoje.

Para lidar com esse fenômeno, não serão suficientes políticas econômicas tradicionais. Ou se recorrerá à marginalização violenta de grande parte da população, miseráveis que rugem nas periferias das cidades, ou se abandona todo o discurso da economia moderna, a velha utopia do pleno emprego, o preconceito do trabalho assalariado, e literalmente se começa tudo do zero. Resta apenas uma certeza: o conhecimento científico acumulado e, sobretudo, a força viva do trabalho cognitivo, da invenção técnica e da palavra poética.

Mas o critério econômico que regulou as relações e as prioridades até agora enlouqueceu, tornou-se obsoleto. E para sempre.

Porque, se tentarmos restaurar a antiga relação entre aqueles que têm riqueza e aqueles que têm que trabalhar para ganhar a vida, a miséria está destinada a gerar rios de violência, o desemprego vai alimentar exércitos de desesperados e de pessoas dispostas a tudo.

Será uma questão de requisitar os espaços e as estruturas de produção.

FEVEREIRO – MAIO 2020

Será uma questão de regular o acesso aos recursos disponíveis em condições de igualdade.

Não podemos perder tempo com a ilusão de retornar à normalidade passada, porque essa ilusão corre o risco de arrastar o que resta em uma espiral de devastação sem volta. As expectativas dos consumidores dos últimos cinquenta anos se foram e não devem retornar. É o sistema de expectativas que precisa mudar radicalmente.

Se me pedissem para indicar um evento, uma data e um local que está na origem do apocalipse, eu diria que é a Conferência Eco-92 realizada em junho de 1992 no Rio de Janeiro. Pela primeira vez, as grandes nações se reuniram para avaliar a necessidade de abordar os perigos que o crescimento econômico estava começando a mostrar. Naquela ocasião, o presidente dos Estados Unidos, George Bush pai, declarou que "o padrão de vida dos norte-americanos não está em discussão".

Todos nós estamos pagando pelo orgulho dele, que talvez seja inerente à própria existência daquela nação nascida do genocídio, e cuja riqueza depende da deportação, da escravidão, da guerra e do roubo dos recursos e do trabalho alheios. Essa nação logo enfrentará uma devastadora guerra interna e merecidamente não sobreviverá a ela.

## 9 DE ABRIL

Após um mês de reclusão e, acima de tudo, de incerteza sobre os próximos resultados da situação, um certo nervosismo é percebido na voz dos amigos que telefonam, e também nos depoimentos escritos, ou nas análises que me chegam todos os dias às dezenas. Eu realmente não leio tudo o que chega para mim, mas leio muito.

Em uma lista de discussão chamada Neurogreen, recebi hoje um artigo de Laurie Penny, publicado na Itália pela

*Internazionale*, contudo o original tinha saído na revista californiana *Wired*, há muitos anos na vanguarda da imaginação digital, futurista e visionária e, em última instância, ultraliberal. É estranho ler um artigo nessa revista geralmente ultraotimista que é, antes de mais nada, o relato bastante dramático de uma experiência vivida. Laurie Penny encontra-se sabe-se lá onde, longe de casa, e é surpreendida pela tempestade viral: "O capitalismo não pode imaginar um futuro para além de si que não seja um massacre total [...]. A social-democracia foi rapidamente reintroduzida porque, para parafrasear Margaret Thatcher, não há realmente alternativa".

Cento e cinquenta membros da família real saudita infectados pelo vírus.

Bernie Sanders sai da disputa eleitoral, Biden perderá as eleições (ou talvez as ganhe?), considerando que haverá eleições nos Estados Unidos.

Oito médicos morreram na Grã-Bretanha tratando de pessoas com o vírus. Todos eram estrangeiros – do Egito, Índia, Nigéria, Paquistão, Sri Lanka e Sudão.

O céu de Delhi está límpido como não se via há anos. À noite, dá para ver as estrelas.

A Confindustria, porém, está com pressa de reabrir, mesmo que as notícias vindas da China não sejam tranquilizadoras: Wuhan reabre, mas Heilongjiang fecha. A batalha contra o coronavírus é como tentar esvaziar o mar com um balde: abre aqui, fecha ali.

Talvez não devêssemos lutar, porque a guerra está perdida já de início: temos que reduzir nossos movimentos ao mínimo, temos que reconhecer que se esgotou a potência da qual nos inebriamos nos tempos modernos.

Quem vai pagar mais caro são apenas aqueles que mais acreditaram e continuaram acreditando no poder ilimitado da vontade humana.

FEVEREIRO – MAIO 2020

É compreensível que os homens esperneiem, queiram pegar o bastão de volta, esperem governar o futuro, como, iludindo-se, acreditaram fazer num passado glorioso. O vírus nos ensina, entretanto, que o poder ilimitado era um conto de fadas e esse conto de fadas acabou.

## 10 DE ABRIL

A Anpi[8] lança a proposta de marcar para o dia 25 de abril um encontro pela democracia. Aceito o chamado e coloco o pouco que posso à disposição. Também cantarei o hino de Mameli, no início das celebrações?

Aguardo o dia 25 de abril com o mesmo espírito com o qual espero a missa de Páscoa do papa Francisco.

Apesar do meu ateísmo, me fez bem ouvir Francisco aquela noite na praça de São Pedro deserta. No mesmo espírito, participarei da manifestação virtual em 25 de abril. A divindade que os democratas adoram é tão ilusória quanto o Deus de Francisco, mas me fará bem sentir a proximidade de um milhão de pessoas.

## 11 DE ABRIL

Na Via Castiglione, nas colinas de Bolonha, a dois quilômetros do centro da cidade, alguém filmou um javali seguido por seis filhotes.

Em Bruxelas, os holandeses reiteram que quem precisa de dinheiro deve assinar uma nota promissória que diz: eu

---

8 Associazione Nazionale Partigiani d'Italia, associação criada pelos participantes da Resistência italiana contra o regime fascista e a ocupação nazista. [N. E.]

pago. A Itália concordou com os holandeses quando em 2015 trataram de impor à Grécia o respeito à lei do credor. Hoje, a Itália gostaria de evitar o tratamento infligido à Grécia. No entanto, as noções de dívida e crédito parecem bastante incoerentes no momento. A insolvência visa obliterar o sistema de negociação. Aqui também: *there is no alternative*.

Falando da Grécia, Stella e Dimitri estão esperando por nós na pequena ilha ocasional em julho. Há mais de dez anos, alugamos uma casinha no meio das oliveiras. O que será do verão, das viagens e do mar? Billi e eu, cautelosos, evitamos o assunto. Talvez não haja viagens neste verão.

## 12 DE ABRIL

Depois das grosserias explícitas de Rutte e Hoekstra, Ursula von der Leyen tenta dourar a pílula para os italianos que estão muito revoltados com a avareza ligeiramente ofensiva dos holandeses. Eles concederão um MES[9] incondicional? Não se fala de coronabond?

Seja como for, há consenso sobre uma coisa. Não se deve passar uma borracha no passado. Já ouvi isso várias vezes de negociadores europeus.

Por que passar uma borracha parece uma coisa ruim para todos? *"Chi ha avuto ha avuto ha avuto, chi ha dato ha dato ha dato, scurdammoce 'o passato simm'e Napule paisà".*[10] Para os

---

9 "Mecanismo Europeu de Estabilidade", programa cujo objetivo é oferecer ajuda financeira a países da Zona do Euro que passam por problemas graves de financiamento. [N. E.]

10 Famoso provérbio napolitano: "Quem teve, teve, e quem deu, deu, vamos esquecer o passado, a gente está em Nápoles, *paisà*". Costuma ser empregado para encerrar uma discussão, independentemente de quem está certo ou de quem se beneficiou. Está presente na canção "Simme 'e

economistas, a profunda sabedoria desses versos napolitanos é incompreensível.

## 14 DE ABRIL

O velho socialista Rino Formica, em entrevista publicada no *Manifesto*, observa que não devemos acreditar que, neste momento, sobreviver é mais importante do que pensar, como sugere o lema latino *primum vivere deinde philosophari*. Se não filosofarmos, observa o sábio Formica, correremos o risco de não saber que escolhas fazer para viver.

No mesmo *Manifesto*, Marco Bascetta, por sua vez, publica uma reflexão (confusa, mas intrigante) sobre o mesmo lema latino, ligeiramente modificado: *primum vivere deinde laborare*. E observa, com razão, que sem vida não há mercado.

Giorgio Agamben escreveu várias vezes que, em nome da vida nua, estamos dispostos a desistir da vida, e me lembro de outra máxima latina, que sempre preferi àquela mencionada por Formica: *navigare necesse est, vivere non est necesse*. Vivemos para quê, se não pudermos mais navegar?

Pela segunda vez, o presidente dos Estados Unidos late, ameaçando suspender ou cancelar o financiamento da Organização Mundial da Saúde (OMS) em razão de ela ter, na opinião dele, reagido lenta e incorretamente no enfrenta-

---

Napule, paisà", de Peppino Fiorelli, um clássico da música napolitana do pós-guerra, cuja letra fala de um casal que, vestindo boas roupas, sai para passear de cadeira de rodas para rever a cidade de Nápoles, que, apesar de ter sido libertada, ainda carrega os sinais profundos da guerra. Fala, ainda, do desejo de renascer e deixar para trás os eventos da guerra, em alusão clara à presença de Aliados na cidade – isso é revelado pelo termo *paisà*, denominação usada pelos anglo-americanos, muitos deles de origem italiana, para se referir aos napolitanos. [N. T.]

mento da pandemia, ou talvez por ter assumido uma posição pró-China. Trump também faz uma ameaça secreta: demitir o especialista mais competente do sistema de saúde norte-americano, o virologista Anthony Fauci.

Nos últimos dias, chegaram daquele país fotos de sacos contendo cadáveres, os quais são jogados em valas comuns cavadas para aqueles que nem sequer têm recursos para pagar um funeral e um enterro. Perto da metrópole cosmopolita de Nova York.

Muitos ficaram chocados pensando que isso é uma consequência do maldito vírus, que força os norte-americanos a renunciar ao funeral e ao respeito devido aos mortos.

Erro.

Essas fotos não são novidade, e não têm muito a ver com a epidemia.

Na verdade, naquele país, as pessoas que não têm nada e morrem como cães em geral são enterradas dessa maneira, por coveiros que são detentos de alguma prisão, em uma vala comum na periferia fétida de uma cidade muito rica. É a normalidade à qual muitos desejam retornar logo.

## 15 DE ABRIL

Na Califórnia, grupos de sem-teto ocupam apartamentos e moradias à venda que, neste momento, ninguém vai comprar. Notícia reconfortante. Em Lagos, cidadãos de alguns bairros se armam para se defender de hordas de ladrões que roubam à noite, aproveitando o toque de recolher. Notícia preocupante.

Mas não se trata, talvez, da questão de sempre, ou seja, não se trata de que, em momentos como este, em momentos como os que estão por vir, a propriedade privada se torna algo transitório, fraco, frágil, oblíquo?

Leio no Facebook:

Que clima ruim esse que foi criado.

Você sai com máscara e luvas para fazer compras ou para comprar o jornal, e observa todo mundo olhando desconfiado um para o outro, e, se alguém se aproxima demais, há uma atitude de pânico, quase de terror. Se nos livrarmos desse vírus, será que nos livraremos também desse comportamento?

Não sei.

Vamos nos olhar de esguelha para sempre?


## 18 DE ABRIL

"Você poderia imaginar que o apocalipse seria algo tão chato?", me pergunta meu amigo Andrea, cuja vida é geralmente cheia de aventuras. Agora ele está sendo forçado a passar o tempo em uma poltrona caindo aos pedaços, lá pelos lados do Aventino, enquanto a primavera romana oferece seu espetáculo silencioso que ele nem pode presenciar.

Boa pergunta, bom ponto de vista.

Ficar entediado, finalmente!

Entretanto, para dissipar a névoa do tédio, a questão pode ser abordada de outro ponto de vista. O apocalipse pode ser visto como um evento que ocorre em câmera lenta, uma queda, cujos desabamentos e deslizamentos de terra seguintes podemos prever, mas não controlar.

Essa revelação flagrante da impotência da vontade consciente diante do desenvolvimento de eventos macro (como as mudanças climáticas) ou de eventos micro (como a disseminação de vírus), é a lição que deveríamos ser capazes de assimilar e elaborar.

Se a vontade não pode governar os processos, existiria outra faculdade capaz de fazer isso?

Para não ficar entediado, li um artigo de Francesco Sisci, um sinólogo muito inteligente que faz parte da Academia de

Ciências Sociais de Beijing (o que significa que ele sabe do que está falando, no que se refere a coisas chinesas).

Sisci parte da notícia de que os EUA pedem uma indenização de bilhões de dólares à China. Segundo eles, a China é a responsável por esta bagunça. Um vírus escapou de seu maldito laboratório de Wuhan, eles esconderam e continuam a esconder informações... Em seguida, disseminaram em nós, norte-americanos, o *vírus chinês* deles, como Trump diz e Mike Pompeo repete. Nossa economia está desmoronando e eles têm que pagar, dizem furiosos aqueles que prometeram *make America great again.*

A culpa é dos chineses. Vamos processá-los.

Vamos cancelar a dívida dos Estados Unidos com o banco chinês.

Como sempre, os norte-americanos brincam com fogo.

Talvez pensem que, se a China ficar puta, terão que enfrentar algumas centenas de boxeadores armados com espadas, escudos e lanças, que surgirão na esquina para dar porrada.[11]

*Nein.* Seria bom não esquecer o desfile de 1º de outubro passado, com todas aquelas belas cabeças brilhantes e aquelas ogivas arredondadas.

Muito mais que o coronavírus, aquelas ogivas podem multiplicar o número de mortos mais de cem vezes.

Sisci, que sabe muito do assunto, alerta contra a loucura militarista que a catástrofe social desencadeada pelo vírus poderia provocar.

A idiotice congênita do povo norte-americano está em exibição nas cidades de Michigan e Virgínia, onde gangues de barrigudos armados exigem que os governadores revoguem as medidas preventivas. Entre uma cerveja e outra,

---

11    Referência à Guerra dos Boxers (1899–1900), conflito em que um grupo de lutadores encabeçou um movimento nacionalista que se opunha à presença estrangeira na China. [N. E.]

preparam-se para atirar em indígenas. O problema é que não há mais indígenas a cavalo, mas uma potência tecnomilitar totalitária e disciplinada.

## 19 DE ABRIL

Nas últimas semanas eu vinha escrevendo com facilidade e uma certa alegria (irresponsável), as palavras saíam de mim e se concatenavam sem resistência.

Algo mudou. Talvez porque uma amiga tenha me acusado de usar a palavra *irresponsável* com um sentido positivo, enquanto o momento exige responsabilidade máxima.

É isso, eu nunca gostei da palavra *responsabilidade*. Mas estou começando a me sentir um pouco constrangido de ficar pairando no ar enquanto as coisas se tornam cada vez mais dramáticas.

## 20 DE ABRIL

Nos últimos dias, reli alguns escritos de William Burroughs e Philip K. Dick.

Eu os li nos anos 1980. Em 1982, tive a sorte de conhecer Burroughs, fui encontrá-lo em seu *bunker* na Bowery para entrevistá-lo. Não entendi quase nada por conta do sotaque dele, e saiu uma entrevista sem pé nem cabeça, que foi publicada na revista *Frigidaire*.

Eu havia lido *Exterminador!*, *Ah Pook Is Here*, *The Job*, *A revolução eletrônica* e alguns de seus romances frenéticos, que hoje podem ser relidos como premonições.

Com uma lucidez alucinada e glacial, Burroughs dizia que a linguagem humana nada mais era do que um vírus que se estabilizou no organismo, alterando-o, penetrando-o, transformando-o: "A palavra em si pode ser um vírus que atingiu uma situação permanente no hospedeiro" (*A revolução eletrônica*). Portanto, "o homem moderno perdeu a faculdade do silêncio. Tente parar seu discurso subvocal. Tente chegar a dez segundos de silêncio interior. Você encontrará um organismo resistente que o força a falar". A linguagem é uma anomalia genética, é "a própria palavra para a qual não há imunidade".

Mas, se a linguagem é um vírus que se impõe ao organismo, levando-o ao predomínio da abstração sobre a concretude do útil e, portanto, à produção das condições históricas de sua autodestruição, não podemos supor que será justamente um vírus que vai reunir linguagem e concretude, sensualidade e sofrimento?

Em que nível, porém, o vírus age? Eu diria que age no nível estético. É a percepção, a sensibilidade que consegue reunir linguagem e concretude.

## 21 DE ABRIL

Não parei de pintar desde o início do confinamento. Na realidade, não posso dizer que o que faço é pintura. Faço colagens com fragmentos de imagens, fotocópias, pedaços de jornal aos quais sobreponho tinta esmalte, esmalte de unha, adesivos, retalhos...

O apartamento está cheio desses quadrinhos de 35 por 50 ou 70, que estão ali empilhados no banco, apoiados nas estantes da biblioteca, amontoados no chão.

Alguns temas se repetem, como obsessões. Uma pomba branca esmagada por um corvo negro retorna como *leitmotiv*. Vocês se lembram daquela cena?

É 26 de janeiro de 2014, Francisco havia subido ao trono de Pedro fazia pouco tempo, depois que outro papa se rendera aos poderes ingovernáveis do caos interior.

O papa e dois jovens estão no balcão de uma janela de São Pedro. O papa afaga a cabeça dos dois jovens, enquanto eles soltam duas pombas brancas no ar. Um corvo negro vem pela esquerda, persegue por alguns instantes as pobres pombas, que tentam escapar, então agarra uma delas, a arrasta e devora.

A simbologia é escandalosamente clara. O mal vem subitamente das profundezas do caos e dá cor ao céu de Roma com sangue inocente.

Preciso continuar? Melhor não. Não quero interpretar os sinais como se houvesse por trás deles a vontade de alguém que se manifesta. Meu ateísmo não me permite. No entanto, às vezes, custo a resistir à ideia de uma emanação onipoética e maligna que oferece sinais enigmáticos, mas sugestivos, para a plateia atordoada de espectadores humanos.

De Francisco vem a lição política de um homem que luta a batalha de Cristo não em nome da verdade, e sim da caridade, da partilha alegre e dolorosa da experiência humana. Contudo, de suas palavras e ações também vem uma lição filosófica. Os poderes do mal são emanações do caos, quando o caos ultrapassa nosso poder de dar sentido, afeto e razão. Não é a vontade de Deus que se manifesta no mal. Na homilia noturna de março, Francisco disse isto claramente (e de que outra forma ele poderia ter dito?): Deus não castiga seus filhos, o vírus não é um castigo divino.

E então? Então o vírus é a complexidade do caos que supera nossa capacidade de entender, governar e curar.

Entretanto a história da cultura é precisamente a história dessa caosmose, dessa capacidade de governar o caos pelo pensamento e pela ação.

Fotos no jornal: estamos nos Estados Unidos, há uma fila de carros buzinando muito e agitando bandeiras de estrelas e listras. Cidadãos armados protestam contra o *lockdown*, exigindo que lhes seja restabelecida a liberdade.

Uma senhora tira do carro uma placa na qual está escrito TERRA DA LIBERDADE.

A liberdade.

Sobre o que estão falando? São cidadãos brancos de uma nação que escreveu a palavra "liberdade" em seus documentos fundantes, mas que, desde o início, para exaltar a própria liberdade, não mencionou a escravidão de milhões de pessoas.

Quando Thomas Jefferson e companhia escreveram sua famosa Declaração de Independência, na confederação dos treze estados, 600 mil africanos trabalhavam de graça em condições de total não liberdade. Alguém levantou o problema no momento da escritura do texto sagrado. Na primeira versão, havia realmente uma sentença que condenou a Inglaterra por estabelecer o regime de escravidão em suas colônias. Em seguida, decidiu-se por excluir a sentença, porque mencionar a escravidão significava revelar a hipocrisia, a falsidade absoluta de todo o texto sagrado de merda sobre o qual repousa a civilização política dos EUA.

Liberdade de quem e para quê?

A retórica da liberdade desmorona sob os golpes do indeterminismo viral. Essa talvez seja a fraqueza essencial das posições de Giorgio Agamben, de resto totalmente aceitáveis, e que parece restaurar uma metafísica da liberdade que tem muito pouco de materialista.

Enquanto isso, a demanda por petróleo caiu a um ponto em que seu valor nos mercados globais chegou a zero, depois ficou abaixo de zero. Se você comprar alguns barris, eles pagarão pelo incômodo. Os navios carregados de petróleo estão estacionados nos oceanos porque os depósitos árabes, texanos, iranianos etc. estão cheios. A indústria norte-americana de xisto, o gás extraído da destruição do subsolo com martelos pneumáticos subterrâneos, está arruinada. Podemos ter a esperança de que esteja arruinada para sempre. Mas há um tubo que atravessa o continente desde a fronteira canadense até a mexicana. É o oleoduto Keystone Pipeline. Quiseram construí-lo a todo custo, destroçando as comunidades indígenas que defendiam seus territórios. Esse tubo também deve estar lotado de líquido preto.

O que vamos fazer com todo esse óleo?

Uma pergunta perturbadora: se voltarmos ao normal, ao normal que era normal antes do vírus, o que faremos com todo esse combustível barato? Se as leis de mercado, que são as de lucro e competitividade máximos, ainda prevalecerem, o que restará das esperanças ecológicas? Com o petróleo a preços muito baixos, quão improvável será a conversão para tecnologias menos poluentes? O que restará das boas intenções relacionadas às mudanças climáticas?

## 22 DE ABRIL

O *Guardian* se debruça sobre uma questão que nos últimos tempos tinha sido negligenciada pela imprensa: o que será do sexo? De fato, o que aconteceu com o sexo nas últimas semanas e em que sentido podem mudar os comportamentos sexuais, especialmente os da geração emergente, da chamada geração Z (de Zoom)? Entrevistada por um jornal, a dra. Julia Marcus diz o seguinte:

> Agora a minha recomendação é que fiquemos em casa e interajamos com outras pessoas apenas para coisas estritamente necessárias [...]. E, mesmo quando o fizermos, ainda precisamos manter uma distância de pelo menos um metro. Isso de fato torna o sexo bastante complicado.

Mas o dr. Carlos Rodríguez-Díaz vem imediatamente em socorro dos jovens preocupados: "As relações sexuais podem diminuir nas próximas semanas, porém existem outras formas de expressão do erotismo, como *sexting*, videochamadas, leituras eróticas e masturbação".

Uau. O que se apresenta é uma vida ascética com a opção de bater uma punheta por videochamada. Peço desculpas pela vulgaridade, não era minha intenção. Ciara Gaffney escreveu um artigo interessante sobre o tema da ciber-revolução sexual:

> É com um pouco de nostalgia que me lembro do surgimento da ideia de "recessão sexual" da geração Z: uma preocupação paternalista de que a nova geração ficaria atrofiada sexualmente, incapaz ou não desejosa de fornicar devido à exposição excessiva a *smartphones*, redes sociais e pornografia virtual.
>
> Até certo ponto, as estatísticas confirmavam isso: entre 1991 e 2017, o número de estudantes do Ensino Médio que faziam sexo diminuiu de 54% para 40%. Mas então surgiu uma pandemia mundial e um novo renascimento sexual parece estar surgindo.

A tese bizarra do artigo de Ciara Gaffney é que a pandemia está criando as condições para uma nova revolução sexual, cujo núcleo seria o desenvolvimento de uma sensibilidade sem contato:

> Na era cor-de-rosa antes do coronavírus, o envio de *nudes* era motivo de certa vergonha. Aquelas imagens eram percebidas como desajeitadas, até um pouco patéticas. Na era do *lockdown*, no entanto, além de *thirst traps* e *nudes* fazerem um retorno triunfal, sem remorso, são também uma forma orgulhosa de libertação sexual.
>
> [...] Estratificada pela distância, a geração Z parece ter que reinventar o que significa sexo, em um mundo em quarentena onde muitas vezes o sexo físico é impossível. Assim como o

movimento do amor livre abalou as convenções de seu tempo, o renascimento sexual da geração Z abala as convenções das relações sexuais orgânicas.

Lembro-me dos discursos sobre cibersexo que circularam entre as décadas de 1980 e 1990. Não é improvável que um campo de desenvolvimento da tecnologia eletrônica em um futuro próximo seja exatamente o enxerto de realidade virtual e sensores telestimuláveis. Já faziam isso no *Neuromancer* de William Gibson, de 1984.

"A quarentena não apenas encoraja, mas força o florescer da exploração sexual; da experimentação com *nudes*, *thirst traps*, [...] na maior parte das vezes sem repercussões na vida real."

*Thirst trap* significa "armadilhas que deixam você com sede", tudo bem – mas e se não houver água?

A transmissão de estímulos sensuais recebidos por realidade virtual teria uma função útil do ponto de vista demográfico; finalmente se pararia de procriar, ao menos pelos próximos duzentos ou trezentos anos. Não acho, contudo, que exista um universo de prazer sem o contato de epiderme com epiderme, sem a piscada irônica do olhar a uma distância muito próxima, sem o olfato. Talvez eu seja antiquado.

Enquanto isso, no *New York Times*, Julie Halpert escreve sobre a disseminação de crises de pânico entre jovens norte-americanos trancados em casa e expostos a um fluxo sem-fim de informações.


## 24 DE ABRIL

Li uma mensagem de Rolando no Facebook e entendo que ele está ficando um pouco chateado comigo também.

Além da imaginação, diz Rolando, aqui são necessários programas concretos para enfrentar os próximos anos, que serão devastadores e decisivos. Rolando ainda não tem trinta anos, então pensa sobre o futuro próximo com a concretude que talvez falte a um setentão como eu.

Estou inclinado a dar-lhe razão. Rolando escreve aflito:

> Rezo com o coração na mão para que todas as forças progressistas aprendam de uma vez por todas a lição de Maquiavel: "Todavia, como é meu intento escrever coisas úteis para os que se interessarem, pareceu-me mais conveniente procurar a verdade pelo efeito das coisas do que pelo que delas se possa imaginar. E muita gente imaginou repúblicas e principados que nunca se viram nem jamais foram reconhecidos como verdadeiros". Por favor, chega de futuras repúblicas da imaginação. Quem quiser fazer caridade com os gestos e promessas do reino vindouro, fique com a alma em paz e siga Francisco. Os outros que se mantenham na realidade real e parem de contar contos de fadas para si e para os outros. Os próximos anos serão decisivos e devastadores.

Quem sou eu para questionar as palavras de Maquiavel? Mas se penso na propagação da crise de pânico entre os jovens norte-americanos, me pergunto o que é a "verdade real" da qual Maquiavel e meu amigo Rolando estão falando.

Hoje, foi ultrapassado o número de 50 mil mortes nos Estados Unidos. Esses são os dados oficiais. Foi superado, portanto, o número de mortos na Guerra do Vietnã. Os desempregados ultrapassaram 26 milhões. O presidente aparece todos os dias na televisão. Seu conselho do dia foi se injetar desinfetante e tomar banho de sol porque, no calor, o vírus desaparece. Todo dia seu show fica mais espirituoso. Alguns dias atrás, ele tuitou: "*LIBERATE MICHIGAN! LIBERATE MINNESOTA! and LIBERATE VIRGINIA, and save your great 2nd Amendment*" [Libertem Michigan! Libertem Minnesota! E libertem a Virgínia, e salvem sua grande Segunda Emenda].

Toda vez que Trump cita a Segunda Emenda, trata-se de uma ameaça explícita de guerra civil.

O escândalo dos democratas atinge níveis quase cômicos. No entanto, o cenário que está surgindo não é tão cômico. De um lado, os apoiadores da Segunda Emenda, o grupo trumpista que reivindica o direito de portar armas e exibi-las. Do outro, o poder dos estados da costa, os mais ricos, mais produtivos e globalizados. Califórnia e Oregon de um lado, Nova York, do outro. Áreas metropolitanas contra áreas rurais, cosmopolitismo contra nacionalismo branco. Os democratas decidiram apostar suas cartas em um senhor chamado Biden, que tem cem vezes menos seguidores na internet do que o Trombone de Trump.

## 25 DE ABRIL

Ontem, descobrimos que *La Repubblica* está mudando de diretor porque a família Agnelli, proprietária do jornal, decidiu colocar no lugar desse profissional um jornalista mais alinhado. O diretor demitido se chama Carlo Verdelli. Não o conheço, não tenho muito a dizer sobre ele, mas me parece que o demitiram a despeito de ele ter recebido alguns dias atrás ameaças de morte no estilo da máfia ou dos fascistas. O que o pobre Verdelli fez de errado, para ser caçado por seu patrão John Elkann, enquanto os leitores de *La Repubblica* coletam assinaturas em sua defesa?

Não sei exatamente, contudo me ocorre que, alguns dias atrás, um artigo sobre o paraíso fiscal holandês foi publicado naquele jornal. Talvez Verdelli tenha esquecido que a empresa dos Agnelli, apesar de financiada por décadas pelos contribuintes italianos, quando ainda se chamava Fiat (agora se chama FCA), tem sua sede na Holanda e paga impostos (ou seja, não os paga) naquele país. É natural que os Agnelli tenham se ressentido.

Em Milão, uma dúzia de jovens que haviam depositado flores na lápide de um *partigiano* foram atacados por um esquadrão de policiais, que bateram, espancaram e os arrastaram pelo chão. As imagens mostram que os manifestantes eram completamente inofensivos, usavam máscaras, não tinham intenção provocatória. Por que, então, agredi-los com tanta raiva? Não estamos testemunhando um novo estilo de poder policial integrado a tecnologias de controle inexorável? É um estilo legitimado pelo terror do contágio, mas é óbvio que esse grupo de garotos não põe em risco a saúde de ninguém.

Todos os dias, no entanto, milhões de trabalhadores "indispensáveis" para o lucro dos industriais são forçados a viver em condições de perigo muito maior do que esses garotos em uma rua da periferia de Milão.

## 26 DE ABRIL

Tenho muitas dúvidas e não me arrisco a fazer previsões, mas parece que entendi uma coisa. A pandemia viral de 2020 marca uma passagem, ou melhor, revela uma passagem. É a passagem de um horizonte de expansão que delimitou o olhar da humanidade moderna para o horizonte de extinção, que, de uma maneira ou outra, está destinada a delimitar o olhar da humanidade que está por vir.

## 27 DE ABRIL

Agora, o novo grito é: "Reabrir! Retornar à normalidade".

Como não compreender? Ninguém gosta de viver fechado em um cubículo, e é legítimo que os humanos desejem retomar as atividades que animam e alimentam a vida social. Entretanto, a volta à normalidade significa a volta das expectativas e dos automatismos que deixaram a Terra furiosa e o organismo vivo exposto a tempestades virais. Leio no *Monólogo do vírus*, de Frédéric Neyrat:

Queridos humanos, silenciem todos os seus apelos ridículos de guerra. Parem de me lançar esses olhares vingativos. Dissolvam a aura de terror com a qual envolveram o meu nome. Nós, os vírus, desde a gênese bacteriana do mundo, somos o verdadeiro contínuo da vida na Terra. Sem nós, vocês nunca teriam visto a luz do dia [...].

Somos seus ancestrais, da mesma maneira que as pedras e as algas, e muito mais que os macacos. Estamos onde quer que vocês estejam e até onde vocês não estão. Dane-se que no universo vocês só vêm o que é sua imagem e semelhança! Mas, acima de tudo, parem de dizer que sou eu quem está matando vocês. Vocês não estão morrendo por causa de uma ação minha em seus tecidos, e sim pela falta de cuidado com seus semelhantes. Se vocês não fossem tão vorazes entre si como o são com tudo o que vive neste planeta, ainda teriam camas, enfermeiros e respiradores suficientes para sobreviver ao mal que inflijo aos seus pulmões. [...]

Em vez disso, agradeçam-me. Sem mim, por quanto tempo teriam feito passar como necessárias todas essas coisas cuja suspensão repentina foi decretada? Globalização, concursos, tráfego aéreo, limites orçamentários, eleições [...]. Agradeçam-me, eu coloco vocês diante da encruzilhada que tacitamente estrutura suas vidas: *a economia da vida*. [...] O desastre termina quando a economia termina. A economia *é* devastação. Isso era uma teoria até o mês passado. Agora é fato. Ninguém pode ignorar quanta polícia, vigilância, propaganda, logística e teletrabalho é preciso para manter esse fato sob controle. [...]

Cuidem de seus amigos e amores. Repensem com eles o que seria uma forma justa de vida. Façam clusters de boa vida, ampliem esses grupos e não poderei fazer nada contra vocês. Este não é um apelo para um retorno em massa à disciplina, mas ao *cuidado*. Não pelo fim de qualquer preocupação, mas de *toda negligência*. De que outra maneira eu preciso lembrá-los de que a saúde está *em cada gesto*? Que tudo está nas menores coisas?

E Bruno Latour, em um artigo intitulado "Imaginar gestos que barrem o retorno à produção pré-crise":

> A primeira lição do coronavírus também é a mais surpreendente. Ficou provado que, em poucas semanas, é possível suspender, no mundo todo e ao mesmo tempo, um sistema econômico que todos dizem ser impossível desacelerar ou redirecionar. Todos os argumentos dos ambientalistas sobre mudar nosso estilo de vida sempre foram respondidos com o argumento da força irreversível do "trem do progresso" que nada poderia tirar dos trilhos "por causa", dizia-se, "da globalização". No entanto, é justamente a natureza global desse desenvolvimento que o torna tão frágil, capaz de diminuir a velocidade e, de repente, parar.

Contudo, seria ingênuo esperar que essa nova consciência alucinada, embora lúcida, se tornasse senso comum amanhã ou no mês que vem. A ânsia de voltar ao normal é atualmente a principal força, quase maior que o medo de um retorno do contágio.

Portanto, voltaremos à normalidade, porém ela será ainda pior do que aquela à qual fomos submetidos no passado. Porque à exploração, à precariedade, à humilhação econômica diária serão somados o distanciamento, a tensão permanente da relação com o outro.

O problema é que o retorno ao normal será logo frustrado. Não necessariamente pelo retorno do vírus, entendam. Como todo mundo, espero e prevejo que a Covid-19 possa ser controlada, ou que uma vacina seja encontrada, ou sei lá...

FEVEREIRO – MAIO 2020

Não é esse o ponto. O ponto é que a máquina dos automatismos entrou em um modo caótico sem volta. O colapso do sistema econômico global não pode ser remediado: centenas de milhões de empregos perdidos, o preço do petróleo que vai abaixo de zero, a falência de inúmeros empreendimentos comerciais e industriais...

A explosão de vinganças políticas da direita, que foi encurralada, mas não desiste. O conflito de interesses nacionais e o perigo amarelo, que é a obsessão do Ocidente. O aprimoramento das técnicas de controle tecnototalitário que a China experimentou em níveis muito avançados e que agora vão se espalhar como um exemplo a ser seguido.

A concretude material do vírus, sua concretização proliferativa mutagênica, alterou algo profundo no organismo humano, mas, acima de tudo, parou a máquina da abstração. Recolocá-la em movimento será uma tarefa impossível. E, nesse ponto, teremos tirado uma lição. Aprendemos que o sistema militar não nos protege da extinção, na verdade a acelera. O sistema militar precisará, portanto, ser desmontado, reconvertido. Como sobreviverão milhões de pessoas que trabalham nas fábricas que produzem armamentos? A lição que aprendemos é que não é necessário trabalhar para ter direito a uma renda. A renda mínima tem sido uma realidade e deve continuar assim. Mas milhões de pessoas que hoje são forçadas a produzir armamentos e extrair petróleo não serão necessariamente obrigadas a ficar sem atividade. Haverá muitas coisas a serem feitas para substituir o sistema de energia que destruiu as condições de vida no planeta, para se locomover, aquecer, iluminar a noite.

Aprendemos a distinguir a produção do que é útil da produção do dinheiro abstrato. Aprendemos que a riqueza não consiste na acumulação de valor, mas em desfrutar do tempo que passa e das coisas que podemos produzir sem sermos explorados.

Durante a tempestade que está chegando, aquela lição inevitável vai voltar.

## 29 DE ABRIL

Há um cara cujo nome não vou dizer (vamos chamá-lo de EfeZe) que é meu amigo no Facebook, mas, você sabe, amigo é modo de dizer. Ele nunca perde a oportunidade de me tratar como um idiota. Às vezes respondo de forma amigável, às vezes, não.

Entretanto, sempre simpatizei com seus comentários desdenhosos de anarco-marxista muito radical, para quem intelectuais como eu são um pé no saco. Como poderia não entendê-lo?

Hoje, pela primeira vez, ele se dignou a me enviar uma mensagem bastante longa, articulada e não polêmica. Talvez tenha me perdoado, quem sabe. Então leio.

Eu reproduzo a seguir uma parte, não tudo, mas quase, tomando a liberdade de fazer algumas correções ou esclarecimentos, porque entendo que EfeZe escreveu numa sentada só, ele não tem tempo a perder comigo.

Se, do ponto de vista da organização do poder, a história dos últimos 14 mil anos aparentemente foi fragmentada e não linear, há, no entanto, uma tendência absolutamente coerente. Ou seja, a eliminação de espaços físicos [*eu prefiro dizer privatização de espaços físicos que leva à sua eliminação para a maioria – minha observação*]. Uma das primeiras coisas que aconteceram em cidades-Estados como Uruk foi a nomeação das terras, dizem os arqueólogos. Aquele solo era de propriedade de um rei, de uma cidade, pertencia a uma entidade "legal". Nos anos das guerras entre hititas e sumérios, houve acordos de extradição. Ou seja, não se tinha mais acesso livre à terra. Você estava amarrado a um território, um lugar. Esse processo continuou desde sempre. Os *enclosures* [cercamentos] ingleses no século XVII transformaram terras comuns, terras de ninguém, em terras estatais. Até hoje, não existe um único centímetro quadrado da Terra que não pertença a alguém. Que não tenha dono. E algo que tem um proprietário pode ser vendido. Um exemplo assustador desse processo foram as compras de terras na Palestina pelos sionistas. Outro: os britânicos forçaram os povos da África a efetivar formas de controle cadastral do território, sabendo que nisso residem o controle e a vitória colonial. Hoje estamos diante de uma reviravolta histórica. Os livros de ficção científica há muito dizem que as máquinas assumem o controle. Passa-se a reconhecer como único espaço habitável a propriedade que lhe pertence. Portanto, tudo deve ser propriedade. Toda rua, todo jardim. Você pode ter concessões para percorrer esse território, mas em um contexto de espaço privado passível de ser alugado. Em um mundo como esse, é lógico, o Estado deve acabar, a propriedade estatal não existe mais, o monopólio da força não pertence mais aos Estados-nação, os impostos da Glovo, Google, Amazon não entram nos cofres nacionais, a jurisdição não apela mais à Constituição, o Estado não imprime mais dinheiro porque a moeda nacional não existe mais, o público desaparece. A essa altura, para o controle total, o consumidor deve ficar conectado 24 horas por dia e ter pavor de contato físico. Nisso estamos em um bom ponto, a maioria das pessoas já está feliz de ficar em casa. O 5G, nesse sentido, é indispensável. Uma tecnologia que permite gerenciar 2 bilhões de dispositivos subcutâneos, além de toda a automação residencial. Então, o que estamos experimentando com o 5G é o seguinte: grandes empresas privadas estão comprando nossos espaços de vida. *Land grabbing*.

P.S.: Obviamente, o próprio vírus não tem papel nessa história. O vírus, como um problema em si, não existe. Existe o medo, que justamente ataca o nosso ponto fraco, o terror de morrer,

**94** CRÔNICAS DA PSICODEFLAÇÃO

tendo como único horizonte nós mesmos e nosso corpo.

Então EfeZe conclui com um desejo:

Nos disseram desde pequenos que o povo não pode vencer, e claramente dizem isso para nos convencer à inação. Se você tem filhos, ou um mínimo de dignidade, este é o momento de voltar a ser nômade. É hora de jogar os PCs pela janela. Tudo isso no mesmo dia. Em um ato épico de rebelião.

## 30 DE ABRIL

O governo Trump corta o financiamento para os estados exatamente quando estão sendo atacados pelo vírus. Vocês têm que dar conta disso sozinhos, ele diz aos governadores de Nova York e Califórnia. É uma maneira de pressionar os governadores a desistir do *lockdown*, a retomar a atividade econômica custe o que custar, enquanto grupos de trumpistas armados entram no prédio do governo de Michigan. Um dos manifestantes *antilockdown* carrega um cartaz no qual afirma que o trabalho liberta. A mensagem está escrita em alemão e diz com estas palavras: *"Arbeit macht frei"*.[12]

## 1º DE MAIO

A *Economist* expressa sua preocupação do modo brutalmente realista, característico dessa antiga revista. O livre mercado está em perigo.

---

12 "O trabalho liberta", frase inscrita na entrada de campos de concentração alemães durante o regime nazista. [N. T.]

A compra de bônus do Tesouro pelo Fed [Federal Reserve System, Sistema de Reserva Federal dos Estados Unidos] lembra muito a impressão de dinheiro para financiar o déficit. O Banco Central também anunciou planos para apoiar o fluxo de crédito para empresas e consumidores. O Fed atua agora como emprestador de última instância para a economia real, não apenas para o sistema financeiro.

[...] Larry Kudlow, diretor do Conselho Econômico Nacional dos Estados Unidos, chama o estímulo fiscal decidido pelo governo Trump de "maior programa de assistência para a Main Street na história dos Estados Unidos", comparando-o ao resgate de Wall Street feito há apenas uma década.

[...] Nos Estados Unidos, os cidadãos receberão cheques de 1200 dólares.

(Assinados por Trump. Arrogância suprema.)

A *Economist* escreve ainda:

O modelo capitaneado pelo Estado e que se estabeleceu na Europa entre as décadas de 1950 e 1970, em que burocratas controlavam os serviços, da eletricidade ao transporte, seria inimaginável sem a experiência da guerra, durante a qual o Estado controlava praticamente tudo, e as pessoas comuns faziam enormes sacrifícios no campo de batalha e também em casa.

Catástrofes (guerras, pandemias) incentivam o fortalecimento do aparato estatal, diz a *Economist*, que teme, acima de tudo, que o Estado imponha impostos a seus ricos leitores.

Pode-se consolidar a nova ideia de que o governo deve, a todo custo, salvar empresas, empregos e a renda dos trabalhadores.

[...] Um número crescente de países tentará ser autossuficiente na produção de bens "estratégicos", como medicamentos, material médico e até papel higiênico, contribuindo para uma retração adicional da globalização. Mas o papel redefinido do Estado pode se provar a mudança mais significativa. As regras do jogo foram alteradas durante séculos em uma direção, porém na atualidade outra mudança radical está despontando no horizonte.

A *Economist*, fiel revista do neoliberalismo global, está assustada com o socialismo de Estado que acredita estar emergindo com as medidas de apoio à demanda e o fortalecimento da intervenção pública em setores como a saúde. Compreensível. Contudo, o intervencionismo do Estado pode, por si só, salvar a situação, restaurar a energia de um corpo coletivo enfraquecido, distanciado e com medo de se mover? Acho que não.

O poder do dinheiro parece ter enfraquecido.

Por muito tempo, a aceleração tecnofinanceira e a precariedade levaram ao esgotamento das energias mentais da humanidade. Agora o mundo parece ter entrado em um estado de fraqueza permanente.

Em 1976, Baudrillard intuiu que apenas a morte escapa ao código do Capital. Há muito tempo afastada da cena de expansão ilimitada, a morte reaparece no horizonte. Na era digital e neoliberal, a abstração financeira deixou a sociedade em xeque. Depois veio o bioinfopsicovírus, uma concretização material proliferativa que derrotou a abstração do Capital.

Começa agora uma nova partida.

Como no filme de Ingmar Bergman, em que o nobre cavaleiro Antonius Block, retornando das Cruzadas, encontra a Morte à sua espera na praia de mar tempestuoso. Ao redor, nas terras do norte, a peste e o desespero se alastram, e Antonius desafia a Morte para uma partida de xadrez. Ela concorda com o adiamento. Assim também, hoje, no horizonte do nosso século, estão desenhadas as cores da extinção, e a partida de xadrez pode começar. Daremos a ela o nome de uma peça [*Fim de partida*, 1957] de Samuel Beckett na qual Nagg e Neil ficam em um latão de lixo enquanto Hamm é cego e não pode andar.

Para ganhar essa nova partida, parece-me que seria necessário fazer dois movimentos simples, ou talvez três: redistribuir a riqueza produzida pela coletividade, garantir a cada indivíduo renda suficiente para levar uma vida muito frugal, abolir a propriedade privada, investir tudo em pesquisa, em educação, saúde, transporte público. Simples, não é? Infelizmente, acho que não estamos preparados – quero dizer nós, a espécie humana. A espécie humana simplesmente não está à altura da situação, há pouco a fazer. E, como diz Pris, a replicante de *Blade Runner*: somos estúpidos, vamos morrer. Não é necessário fazer disso um drama.

O biovírus é a irrupção da matéria subvisível no ciclo do tecnocapital abstrato.

Os gritos de protesto, os coquetéis molotov lançados contra as vidraças dos bancos, o voto da maioria dos cidadãos gregos – nada disso conseguiu deter a agressão financeira contra a vida social, nem surtiram efeito algum as considerações razoáveis de economistas e jornalistas que haviam percebido o perigo extremo dessa concentração de riqueza louca nas mãos de uma minoria ínfima.

Agora, o biovírus se vinga, mas não há como governá-lo, submetê-lo ao bem comum. Então ele se torna um infovírus, muda para a infosfera e satura a mente coletiva com o medo, a desconfiança, a distância. O risco é que ele se estabilize como um psicovírus, como uma patologia tendencialmente fóbica da epiderme, como uma paralisia do desejo erótico e, portanto, como uma depressão generalizada e, por fim, como uma psicose agressiva latente, pronta para se manifestar na vida cotidiana ou na dinâmica da geopolítica esfacelada.

O circuito bioinfopsicótico de contágio invalidou os instrumentos tradicionais de intervenção financeira e paralisou a vontade política, reduzindo-a à execução militar de um programa sanitário.

**98**   CRÔNICAS DA PSICODEFLAÇÃO

## 3 DE MAIO

Recebi uma mensagem de Angelo que termina da seguinte forma:

> A gente acreditava que a Terra, agora totalmente antropizada, não esconderia mais surpresas e, em vez disso, estamos entrando em uma "terra desconhecida" onde os vírus são os "leões" do passado. Enfim, sigo seu diário com certa angústia, tendo quase esgotado as esperanças de que os vaticínios que você destila, examinando o horizonte dia após dia, possam se tornar menos nebulosos e desesperados do que parecem.

Natalie Kitroeff relata no *New York Times* que o embaixador dos EUA no México está pressionando as fábricas do norte do país, as quais abastecem o ciclo automobilístico ianque, para que retornem às atividades apesar do contágio, apesar das medidas de confinamento tomadas pelas autoridades do México, que está sob a constante ameaça do muro de Trump.

Christopher Landau, esse é o nome do embaixador, disse que, se o México não responder às necessidades dos EUA, perderá os contratos que mantêm essas fábricas funcionando. Ele é o embaixador do país que consideramos o líder do Ocidente, país que inspirou as reformas impostas pela força das armas e do dinheiro nos últimos quarenta anos. Mas é legítimo alimentar a esperança de que esse país não sobreviva à catástrofe que o atinge. Miséria, desemprego, depressão, violência psicótica, guerra civil em breve vão destruí-lo, já estão destruindo. Infelizmente, antes de desaparecer, o império psicótico norte-americano usará, ou tentará usar, a força devastadora da qual seu exército ainda é o depositário.

É por esse motivo, não pelos efeitos do coronavírus, que a extinção da civilização humana na Terra é atualmente a perspectiva mais provável. Depois de cinco séculos, é difícil não ver: os Estados Unidos têm sido o futuro do mundo, e agora são o abismo no qual o mundo parece destinado a desaparecer.

De seu claustro em Paris, Alex me escreveu a seguinte mensagem:

> O coronavírus é a forma de imaginação material por meio da qual a Terra nos interroga sobre as possibilidades de futuro da nossa espécie e de todo o planeta. Quem pensava que a imaginação pertencia apenas ao homem nas formas abstratas da recombinação simbólica estava muito enganado. Uma pequena mutação material (orgânica? Inorgânica? Não importa) destrói as grandes construções simbólicas que estavam aniquilando todas as vidas do planeta. Destrói e reimagina, uma vez que qualquer recombinação do virtual não pode deixar de demolir, mas também de criar novos espaços de possibilidade. Caosmose...

No site da *Psychiatry On Line*, Luigi d'Elia defende a tese de que o princípio da reciprocidade está destinado a substituir o princípio da dívida, desde que – isso ele não diz, ainda que pareça implícito – a sociedade não tenha decidido desintegrar-se. Todas as dívidas são impagáveis, então está na hora de aceitar isso, de eliminar o conceito de dívida da economia e substituí-lo pelo de reciprocidade.

O primeiro-ministro da Etiópia explica isso com a máxima clareza em um artigo publicado no *New York Times* intitulado "Por que a dívida global das nações pobres deve ser cancelada". Reciprocidade significa interdependência e interconexão. Somente algo como uma pandemia torna visível o fio que liga todos nós. Segundo o plano evolutivo da nova racionalidade (antimercado), se tornou "conveniente" (no sentido utilitarista clássico) colaborar e revisar as regras do jogo. Entre elas, a tirania da dívida é a primeira a cair por terra.

Quando não posso mais pagar a dívida, a minha ruína é a sua ruína. A pandemia mostrou isso. Os alemães têm certa dificuldade em aceitar a ideia, porém em breve terão que rever seus conceitos.

Se não formos capazes de mudar radicalmente a forma geral como se dá a atividade humana, se não formos capazes de sair do modelo de dívida, salários e consumo, eu diria que a extinção é certa – em duas gerações. Vocês acham que essa afirmação é um tanto precipitada? Eu também acho. No entanto, começo a não ver uma terceira via entre comunismo e extinção.

É preciso dizer igualmente que a extinção em si não é algo tão ruim de imaginar. A Terra vai se livrar de seu hóspede mais arrogante e ganancioso, tchau e bênção.

Mas, infelizmente, isso não acontecerá como dois mais dois são quatro – vamos dormir à meia-noite e de manhã já não existimos mais. A extinção é um processo que começou há alguns anos e ocorrerá ao longo do século. Massas de populações famintas se movendo desesperadamente por desertos em expansão, guerras de extermínio pelo controle de fontes de água, incêndios que devastam territórios inteiros e, claro, epidemias virais cada vez mais frequentes.

Deveríamos ter entendido isso. A partir de agora, o capitalismo será apenas um mar de horror.

## 4 DE MAIO

No meio da tarde, enchemos os pneus da bicicleta e demos uma volta no centro da cidade.

Os carros voltaram a circular, mas poucos. Garotas de *shorts* curtos e jovens com seus patinetes elétricos. Todo mundo de máscara. Ou quase.

É o dia da reabertura. Uau. Mas para ir aonde? A Confindustria demonstra sua paciência, para os chefes é normal que milhões de pessoas adoeçam e morram, desde que a competitividade não diminua.

"Eu tenho medo da ideia de que se normalize a distância social, não poder abraçar, tocar. Essa perspectiva profilática me deixa em pânico", me escreve Alejandra, que terminou sua tese de doutorado sobre questões de identidade digital e deveria defendê-la. Mas quando e como? Provavelmente em setembro, à distância.

## 5 DE MAIO

Trump estava convencido de que seu nome, ridículo e monossilábico, que soa vulgar, havia conquistado a primazia absoluta na cena midiática de todos os tempos. Ele até disse em algum lugar, se bem me lembro, que seu nome era o mais citado na esfera pública global. Acredito que agora ele esteja furioso com o fato de a palavra *coronavírus* ter derrubado esse seu primado.

O *Corriere della Sera*, em seu provincianismo meio século atrasado, dá espaço a intelectuais franceses como se eles ainda existissem. Hoje, um pequeno texto de Houellebecq, em que se lê: "Não acredito nem por meio segundo nas declarações do tipo 'nada será como antes'. Pelo contrário, tudo permanecerá exatamente o mesmo. O desenvolvimento dessa epidemia é na verdade extraordinariamente normal".

Tudo permanecerá exatamente o mesmo, diz Houellebecq. Sorte dele.

Eu vejo uma espécie de descarrilamento. A vida social saiu dos trilhos formais e dos trilhos psíquicos. A engrenagem do trabalho, a engrenagem da dívida, a engrenagem dos salários não funcionam mais. A engrenagem da oferta e da procura não mantém mais os fluxos de mercadorias, como o petróleo, que navega nos oceanos porque todos os depósitos estão cheios.

O dinheiro, a engrenagem que antes articulava todas as engrenagens, é jogado desesperadamente aos montes aqui e ali para tapar o grande buraco, mas perdeu tanto o charme como a capacidade de mobilizar energia.

Uma tempestade impensável emerge da terra maligna de pesadelos violeta.

A concretização de matéria invisível prolifera corroendo as engrenagens; no entanto, seria superficial pensar que o vírus, esse agente biológico que entrou na informação e de lá transmigrou para a psique humana, é a causa que explica o desequilíbrio.

Há muito tempo as engrenagens estavam dando sinais. Rangiam.

Mas parecia não haver alternativa. De fato, por enquanto é certo que vai demorar para aparecer uma alternativa, e não podemos descartar o fato de que ela nunca terá uma forma coerente. Enquanto isso, entretanto, o edifício não está mais em pé.

## 6 DE MAIO

Meu velho amigo Leonardo me convidou para participar de um seminário sobre perspectivas psicopatológicas e psicoterapêuticas abertas (ou fechadas) pelo distanciamento.

Sigo os procedimentos habituais para acessar a reunião do Zoom e encontro um cenáculo de psicólogos que estão em uma dúzia de cidades diferentes na América Latina e na Europa.

A discussão é emocionante, estimulante, às vezes perturbadora. Não são intervenções teóricas, e sim peças de autoanálise, fenomenologia da experiência daqueles que diariamente atendem pacientes, sobretudo no ambiente virtual.

A questão central que vejo emergir dessas histórias é: quais são os tempos, quais serão as modalidades para processar o trauma produzido pelo contágio e pelo confinamento?

FEVEREIRO – MAIO 2020

Em primeiro lugar, devemos prever algum tipo de sensibilização fóbica em relação ao contato com o outro. O distanciamento, a angústia de se aproximar da pele do outro – tudo isso age em um plano que não é o da vontade consciente, mas do inconsciente.

De repente, percebo que estamos entrando na terceira época do inconsciente e, portanto, na terceira época da psicanálise.

Antigamente, no cenário ferroso da indústria e da família monogâmica, predominava a neurose, uma patologia ligada à repressão das pulsões, à remoção do desejo. A era da psicanálise freudiana.

Então a esquizoanálise antecipou o rompimento da fronteira, o surgimento do esquizo como figura predominante da paisagem coletiva. Na esfera do semiocapital, o inconsciente se propaga, o imperativo geral não é mais a repressão, é a superexpressão. *Just do it*. A explosão reticular do inconsciente produziu a propagação de patologias psicóticas de tipo narcisista, síndrome do pânico e, por fim, depressão.

Então, como resultado do biovírus que ataca a psicosfera, passamos da conexão voluntária das décadas da internet para a conexão obrigatória no distanciamento. Zoom, Instagram, Google nos permitem continuar o fluxo social e informativo, mas apenas com a condição de renunciarmos ao contato da pele, ao compartilhamento do ar. A tecnologia 5G permitirá uma invasão total da vida pela conexão.

Na esfera passada, da conexão voluntária, deu-se um processo de hiperexcitação e dessensibilização; adiamento do prazer em nome da constante excitação e de um desejo sem corpo. Na psicose da superexpressão, o desejo se mobilizava contra si mesmo, a imaginação delirante não encontrava o plano da realidade.

Agora, porém, que estamos entrando na esfera da conexão compulsória e do distanciamento dos corpos, o que está emergindo talvez seja uma consciência fóbica do corpo do outro. Medo da aproximação, terror de contato.

Ou, em uma reversão atualmente imprevisível, a sobrecarga conectiva levará a uma rejeição? O feitiço virtual poderá ser quebrado?

A elaboração do trauma não é imediata, leva tempo. A sensibilização fóbica se manifesta primeiro, acompanhada da angústia da aproximação dos lábios aos lábios do outro.

Podemos prever que, após o domínio da neurose freudiana, após o domínio da psicose semiocapitalista, entramos em uma esfera dominada pelo autismo como uma paralisia da imaginação do outro?

Perguntas bastante perturbadoras, mas urgentes, a que não posso responder agora.

Estou confuso? Claro, estou um pouco confuso, peço que me desculpem.


## 7 DE MAIO

Trump diz que já foi feito tudo o que podia ser feito, agora chega, vamos voltar ao trabalho.

Na verdade, o país está em uma fase de expansão incontrolável do contágio. A Universidade de Washington espera 134 mil mortes daqui até agosto. Oficialmente, entre 2 e 3 mil pessoas morrem todos os dias, o ritmo deve acelerar até o início de junho. Mas Trump diz chega de conversa, aqui temos que arregaçar as mangas e *make America great again*. Trinta mil novos casos de contágio todos os dias no país, em muitos estados o número está crescendo. Trump, contudo, tem pressa.

Uma em cada cinco crianças padece de fome no país líder do Ocidente. Três vezes mais que em 2008, no início do que parecia ser uma tremenda recessão. Havia então os bancos para salvar, salvaram-nos e destruíram as condições de sobrevivência da sociedade.

## 8 DE MAIO

Sessenta mil imigrantes majoritariamente africanos, depois de atravessar o deserto, depois de serem detidos e estuprados nos campos de concentração da Líbia – construídos pelo desejo de Marco Minniti –, depois de correrem o risco de se afogar no canal siciliano, chegaram ao Sul da Itália e encontraram trabalho nos campos. Dez, doze horas por dia ao sol para ganhar três, quatro euros por hora. No verão passado, alguém morreu sob o sol da Puglia colhendo os tomates de merda que os italianos colocam no espaguete, tomara que engasguem.

Surgiu, porém, um problema. Não há mais colheita de pêssegos nem de tomates.

Então as fazendas pediram que se mobilizassem esses 60 mil o mais rápido possível, e o bom ministro da Agricultura propôs regularizá-los ou, pelo menos, conceder-lhes um visto de residência de seis meses, mas, entenda, é para fazê-los trabalhar como escravos, não para ir dançar a tarantela.

Ontem, houve uma decisão no Parlamento, onde há um partido de nazistoides ignorantes no qual votei há sete anos (Deus me perdoe), chamado Cinque Stelle de Merda. As Cinco Estrelas de Merda ficaram muito assustadas com a ideia de os negros poderem ser regularizados, eles têm pavor de anistia. Que os escravos trabalhem e fiquem de boca fechada é a moral dos moralistas de merda que são.

Eles podem ficar tranquilos, no entanto. O Parlamento decidiu que terão visto, mas apenas por três meses. Apenas o tempo necessário para trabalhar dez horas por dia. Alguns deles morrerão de enfarto pelo calor, receberão dois euros por hora, ou talvez três. E as Cinco Estrelas de Merda ficarão felizes. À espera de que este país de infames afunde definitivamente na miséria. É questão de meses.

## 9 DE MAIO

No *Financial Times*, uma página muito interessante. Com o título "Can We Both Tackle Climate Change and Build a Covid-19 Recovery?", a questão se apresenta: será possível calcular os efeitos econômicos do *lockdown* e ao mesmo tempo reduzir o consumo de energia fóssil para mitigar o aquecimento global?

Esse artigo bem-intencionado, mas inconsistente, de Christiana Figueres, do Secretariado das Nações Unidas, inicia-se assim: "A questão não é se podemos enfrentar a pandemia e as mudanças climáticas simultaneamente; a verdadeira questão é se podemos nos dar ao luxo de não fazê-lo". A fraca e bem-intencionada Figueres fala de crescimento sustentável: "Não podemos sair da frigideira da pandemia para cair na brasa de uma acentuada mudança climática. [...] Os programas de recuperação devem impulsionar a economia global rumo a um crescimento sustentável e a uma maior resiliência".

O uso repetido da palavra *sustentável* denuncia levemente a fragilidade do raciocínio. Recuperação sustentável, crescimento sustentável, mas como se faz isso?

A resposta do malvado Benjamin Zycher, que trabalha para o ultraconservador American Enterprise Institute, parece, dolorosamente, ser mais digna de crédito, e mais concreta, apesar da óbvia falta de interesse no destino a que os humanos estão condenados.

A energia não convencional não é competitiva nos custos, caso contrário, por que seriam necessários impostos, subsídios e reservas de mercado para torná-la possível? A falta de confiabilidade do vento e do sol, o conteúdo de energia não concentrada nos fluxos de ar e da luz solar, os limites teóricos da conversão do vento e do sol em eletricidade são as razões pelas quais maiores reservas de mercado para energia renovável provocaram aumento de preços na Europa e nos Estados Unidos.

[...] A priorização da política climática impedirá muitas pessoas de melhorar suas condições, especialmente após o terrível choque econômico causado pelo *lockdown*. Além disso, se tiverem redução de riqueza, os países disporão de menos recursos para a proteção ambiental. Não é verdade que os defensores do crescimento odeiam o planeta. É verdade, no entanto, que os ambientalistas odeiam a humanidade.

Obviamente, sei que o American Enterprise Institute é uma associação de criminosos que no passado apoiaram as guerras de George Bush e que vivem do financiamento de instituições benevolentes como a Exxon Corporation, e assim por diante.

Entretanto, as considerações desse patife são mais convincentes do que as da angelical Figueres. O problema é que a expressão "crescimento sustentável" é um oximoro, como todas as noções nebulosas daqueles que pregam a economia verde para uma recuperação suave do capitalismo.

Não há mais possibilidade de crescimento econômico, não há mais possibilidade de aumento do produto global sem extração, destruição, devastação ambiental. Ponto. Se crescimento significa acumulação de capital, competição, expansão do consumo, o crescimento é incompatível com a sobrevivência da humanidade no longo prazo.

No entanto, o Clube de Roma disse isso claramente há cinquenta anos, no famoso *Relatório sobre os limites do desenvolvimento*: "Um planeta finito não pode sustentar um crescimento econômico infinito".

Simples, não?

Para a sobrevivência humana, não é necessário crescimento infinito, mas sim uma distribuição igualitária do que a inteligência técnica e a atividade livre podem produzir. É necessária, além disso, uma cultura de frugalidade, que significa nem pobreza nem privação, mas uma mudança de foco da esfera da acumulação para a esfera da fruição.

O capitalismo sempre muda, porém, em essência, não pode mudar. Baseia-se na exploração ilimitada do trabalho humano, do conhecimento coletivo e dos recursos físicos do planeta. Desempenhou sua função nos últimos quinhentos anos, possibilitou o enorme progresso da modernidade e o horror do colonialismo e da desigualdade. Mas acabou. Só pode continuar a existir acelerando a extinção da humanidade, ou pelo menos (na melhor das hipóteses) a extinção do que conhecemos como civilização humana.

Uma pesquisa intitulada *Parentalidade nos tempos da Covid-19* nos informa que não se espera um *baby boom* devido ao *lockdown*.

Suspiro de alívio.

Preocupações econômicas com o futuro, e talvez até algum desconforto com a abordagem, sugerem aos casais adiar. [Afirma-se que] "37% dos que planejaram um filho antes da pandemia desistiram." Como diz o ditado: não há mal que não traga um bem.

Segundo os demógrafos, no fim deste século deverá haver na Terra entre 9 e 11 bilhões de seres humanos. Com um número como esse, não há dúvida de que o jogador com a foice vai vencer a partida de xadrez.

No entanto, a pesquisa sugere que o vírus nos fez tomar pelo menos um pouco de juízo.

## 10 DE MAIO

O sol entra alegremente pela janela entreaberta e me lembro da imensa praia de San Augustinillo. De fato, não dava para nadar naquele mar; era tão perigoso que nas proximidades havia uma praia chamada La Playa del Muerto, porque muitas vezes quem mergulhava ali não voltava para a costa. Não se deve brincar com o oceano Pacífico. Alugamos uma cabana de madeira em Punta Placer e à noite fomos comer no Nerone. Na volta, no escuro, andamos pela praia e eu disse: Lupita, Lupita, amor da minha vida.

Talvez agora tenha acabado. Ou talvez não.


## 11 DE MAIO

Desde quando, depois de um ano de sofrimento e agonia, minha mãe partiu, em maio de 2015, a morte tem sido o tema predominante de minhas reflexões.

De certa forma, cortejei-a, desafiei-a a vir me visitar, possivelmente à noite, sem fazer barulho. A ideia de um longo sofrimento e de uma velhice maçante, a ideia de um colapso repentino que leva a consciência, me aterrorizavam. Além do mais, eu, francamente, nunca acreditei que a longevidade seja uma estratégia inteligente do ponto de vista da vida feliz, e toda essa chatice sobre idosos que envelhecem bem, praticam ginástica etc. nunca me convenceu. Digamos que a longevidade não combina comigo, os outros que façam o que lhes aprouver.

Em meados de 2019, comecei a escrever um livro de cujo título gostei especialmente. *Tornar-se nada.*

Bom título, não?

Escrevi umas cem páginas, contudo muitos assuntos ficavam na forma de rascunho e, sobretudo, eu não tinha pressa.

Também tinha pensado que talvez um livro chamado *Tornar--se nada* devesse se desintegrar suavemente com seu temerário autor e permanecer inacabado no umbral da eternidade.

Nos últimos dois anos, depois da maldita viagem a Houston, depois daqueles três dias no lugar mais horrendo em que já estive, o desejo de viajar também diminuiu um pouco. Toda vez que eu ia a algum lugar (continuava fazendo isso até fevereiro), sentia-me sob um estresse desnecessário, falar em público se tornara cansativo. Eu me lembro da última conferência pública que realizei como um pesadelo. Foi em Lisboa, no dia 20 de fevereiro deste ano. Eu falava em um centro social dentro de uma espécie de garagem grande e comprida, lotada por uma multidão barulhenta e colorida. O tema, vagamente provocador, se bem me lembro, era o apocalipse irônico, ou talvez a ironia apocalíptica. Pouco importa, o fato é que eu estava brincando com fogo.

Naquele dia, eu não estava me sentindo bem. Meu ouvido doía, minha cabeça latejava, eu estava respirando com dificuldade e, a certa altura, enquanto falava para aquela multidão absorta, veio do lado de fora o som agudo de uma sirene. Talvez uma ambulância, talvez um carro de polícia, não sei. Aquele ruído infernal assobiou no salão, me fez perder o equilíbrio, a calma e, sobretudo, o fio do discurso. A onda de pânico durou cerca de dez segundos em um silêncio inquieto, depois retomei normalmente, tirando sarro do meu estado de confusão mental. Disse que estava em sintonia com a psicosfera do pânico, e que a sirene uivante fazia parte da performance, e terminei prometendo, como de costume, insurreições felizes. Dois dias depois, eu voltava para a Itália e, ao chegar ao aeroporto de Bolonha, apontavam uma pistola de termômetro na minha cabeça, uma prova de que o mundo estava entrando em uma nova era.

Nos meses seguintes, tudo mudou, isto é, não tudo realmente, mas muito. Antes de mais nada, a viagem a Lisboa foi a última, pelo menos por enquanto, e não posso descartar que tenha sido a última para sempre. Veremos.

A partir daquele momento, a curiosidade sobre o futuro capturou minha vida mental com um fascínio tão forte que propus à irmã negra, que cortejei sem pudor, que esperasse um momento; antes eu gostaria de ver como termina. Eu sei, eu sei que não termina em lugar nenhum, porque nada acaba e tudo sempre continua. Mas ao menos entender, se ela permitir, que rumo a história do mundo vai tomar.

Odeio aquelas pessoas que se sentem constrangidas ou até mesmo chocadas quando se trata de morte, como se fosse um assunto indelicado. Um filósofo muito respeitado, há alguns anos, me disse: escuta, já que você fala tanto da morte, por que não se suicida? E acrescentou que, para Espinosa, o único tema do qual o filósofo deve tratar é a vida. Foi então que me convenci de que o filósofo muito respeitado é apenas um presunçoso. Um filósofo que não trata da morte, Espinosa que me perdoe, não é um filósofo, e sim um fabricante de chocolate.

Nos Estados Unidos, há oficialmente 80 mil mortos, o que significa que deve haver pelo menos o dobro. Isso não preocupa muito o presidente, que até poucos dias atrás enviava mensagens engraçadinhas e belicosas; nos últimos dias, entretanto, ele suspendeu as entrevistas coletivas nas quais dava conselhos médicos, e anda com a cara um pouco amarrada. O semestre que o separa das eleições corre o risco de não ser fácil para ele. O cúmulo da falta de sorte, três pessoas que trabalham diariamente na Casa Branca testaram positivo para o coronavírus, a porta-voz de Mike Pence, um mordomo e um consultor que frequenta a ala oeste do prédio presidencial, altamente protegida. Não poderia ser pior para o poderoso chefão. Se mesmo lá, no local mais protegido, três pessoas foram atingidas pelo vírus, é difícil continuar incentivando as pessoas a voltar ao trabalho.

O número de desempregados está atualmente em torno de 25 milhões e deve chegar a 35 milhões no próximo mês. E já que naquele país aqueles que não têm dinheiro não podem se tratar, os pobres, afro-americanos e latinos morrem aos milhares todo dia, todo dia, todo dia.

Uma luz e uma esperança: e se Trump um dia desses caísse morto como um cachorro entre uma tuitada e outra? Talvez ele não se importasse de ir embora agora. Poderia aparecer na frente de São Pedro dizendo-lhe: eu sou o Presidente dos Estados Unidos, deixe-me passar, mas acho que São Pedro o mandaria se foder. Porém, pelo menos o fanfarrão poderia evitar a vergonha de ser derrotado por um cavalo manco como Joe Biden, enquanto 40 milhões de desempregados reclamam do lado de fora.

Enquanto pensava no presidente dos Estados Unidos, me lembrei da obra de Alessandro Manzoni, como? não sei, mas vou deixar vocês imaginarem. Ontem à noite me veio à cabeça a cena em que dom Rodrigo acorda à noite e descobre que tem no corpo "uma sórdida íngua de um roxo lívido". Você deve se lembrar: "O homem viu-se perdido, o terror da morte o invadiu e, com um sentimento mais forte, o terror de se tornar presa dos *monatti*,[13] de ser levado e jogado no lazareto".

O que faz então o chefe dos vilões, aterrorizado, o sequestrador de Lucia? Chama o vice-presidente? Quase isso:

Pegou a sineta e sacudiu com violência. Griso, que estava alerta, apareceu na hora. Parou a certa distância do leito, olhou atentamente para o patrão e teve certeza do que, à noite, havia suposto.

"Mike", disse o desgraçado, "quer dizer, Griso, você sempre me foi fiel."

---

13 Funcionários públicos encarregados, durante as epidemias, de coletar e enterrar os cadáveres e transportar os doentes para os sanatórios. [N. T.]

"Sim, senhor."

"Sempre lhe fiz o bem."

"Por bondade sua."

"Posso confiar em você..."

"Diabos!"

"Estou mal, Griso."

"Eu já tinha percebido." [...]

"Você sabe onde mora Chiodo, o cirurgião?" [Então era assim que se chamava Anthony Fauci...]

Dom Rodrigo implora a Griso que procure o cirurgião e volte com ele, mas, como era de prever, Griso o trai, como meus 25 leitores certamente se lembram.

Em vez de ir até Fauci, ele vai aos *monatti*, avisa que seu senhor está com coronavírus, leva-os para a casa do pobre dom Rodrigo que, é claro, vendo-se traído, fica muito, muito mal: "Os *monatti* pegaram-no, um pelos pés e outro pelos ombros, e foram colocá-lo em uma maca que tinham deixado no quarto ao lado, [...] então levantaram o miserável peso e o levaram embora".

## 12 DE MAIO

No início de maio, estava prevista a publicação do meu livro, o que mais amo, por ter trabalhado nele por mais de vinte anos e nunca terminar, tanto que é chamado *E* – como erotismo, estética, epiderme, extinção etc. Chama-se *E* porque começa citando *Rizoma*, de Deleuze e Guattari, no trecho em que os dois companheiros dizem (lembram-se?) que a história da filosofia ocidental é composta de disjunções ou... ou... ou... e, ao contrário, agora temos que fazer uma filosofia de conjunções e... e... e...

Exatamente.

Conversei com a editora e decidimos adiar, porque, seja como for, aquele é um livro atemporal, e substituí-lo por outro livreto que será chamado: *Fenomenologia do fim. Comunismo ou extinção*. Ou então: *Fenomenologia do fim. Mas de que fim estamos falando?* Ou quem sabe...

## 13 DE MAIO

Não tenho ilusões de que o colapso da pandemia produzirá efeitos sociais positivos imediatos. Ao contrário, Arundhati Roy escreve: "O coronavírus entrou nos corpos humanos e amplificou as patologias existentes, entrou nos países e nas sociedades e amplificou suas enfermidades e patologias estruturais. Aumentou a injustiça, o sectarismo, o racismo, a casta e, sobretudo, a desigualdade". Segundo Arundhati, o vírus parou a máquina; então agora é uma questão de parar o motor para tornar definitivamente inoperante a economia orientada para o lucro. A todo custo.

O ciclo de acumulação não será retomado, porque as engrenagens foram desarticuladas: a sanitária, a psíquica, a produtiva, a distributiva... fodeu tudo.

Nas décadas passadas, a precariedade do trabalho tornou a sociedade frágil e enfraqueceu a resistência. A Covid-19 foi o golpe final. A sociedade foi desagregada pelo confinamento compulsório e pelo medo e, no momento, não é possível resistir à ação. Por mais paradoxal que possa parecer, a passividade é justamente o que vai derrotar o capitalismo, levando-o à morte por asfixia. A forma mais subversiva de passividade é a insolvência, que consiste em fazer explodir tudo sem fazer nada e, mais exatamente, não pagando pela simples razão de que não podemos pagar.

A insolvência não precisa ser propagada, pregada, gritada. Virá por si só como uma consequência natural do colapso da economia. A insolvência não é uma falha, é uma necessidade universal. A sociedade terá que começar a experimentar formas locais e autônomas de produção e distribuição destinadas à sobrevivência e ao prazer.

Em agosto do ano passado, recebi um telefonema de Marco Bertoni, um músico que conheci talvez nos anos 1980, quando ele fazia parte do Confusional Quartet, que, na cena musical bolonhesa daqueles anos, ocupava uma posição muito especial, não marginal, mas extrema. Naqueles anos, o vento do *punk* e da *no wave* chegaram a Bolonha e se misturaram com a última rajada de tempestades insurrecionais de 1977. Assim, a cena musical era apinhada e apaixonada: os espetaculares Skiantos, o radical-*punk* Gaznevada, o experimental Stupid Set e outros de que não me lembro.

Os Confusional eram os mais cultos, refinados, faziam mais música contemporânea que *pop*, mais *jazz* frio que *punk rock* quente. Quarenta anos depois, em agosto de 2019, Marco telefonou para me dizer que queria criar uma obra da qual só tinha em mente o título. E que queria fazer comigo, não sei por quê. O título me fulminou, porque sintetizava eletricamente muitas das linhas que passam por este tempo: a grande migração, o grande rechaço, a violência tecnofinanceira abstrata e a violência concreta do nazismo que está de volta.

Quando ele me disse o título que tinha em mente, concordamos na hora: *Wrong Ninna Nanna*.

Imaginei uma jovem mãe hondurenha que chegou no limite entre Tijuana e San Diego, mas há guardas armados na fronteira; ela não sabe mais aonde ir nem o que fazer e está lá, sentada no chão, ninando seu bebê. Mas também poderia ser uma jovem nigeriana ou tunisina em um bote em direção à costa da Sicília.

Marco e eu tentamos imaginar o que sente uma mãe que criou um ser sensível e vulnerável, sem talvez refletir o suficiente sobre o mundo no qual o recém-chegado deve crescer.

Existe alguma razão para se reproduzir?

No filme *Cafarnaum*, a diretora libanesa Nadine Labaki conta a história de uma criança síria de doze anos em um campo infernal de refugiados em Beirute, uma criança que denuncia seus pais ao judiciário por tê-la trazido ao mundo. O filme de Labaki foi para mim a principal inspiração dos textos que escrevi para *Wrong Ninna Nanna*. São poemas amassados na angústia de uma época sem esperança. Começamos a trabalhar em setembro, depois veio o outono da convulsão, os tumultos gigantescos e raivosos de Hong Kong a Santiago, Beirute, Paris, Barcelona.

Marco começou a compor com todos os instrumentos musicais com os quais a mãe natureza o dotou: folhas, vento, corvos, passarinhos, água corrente, e até seu piano tocando violentamente e coros de vozes angelicais e misteriosas.

Então convidamos uma amiga, que lembro ter conhecido em Nova York quando ela cantava nos clubes *punk* do Lower East Side, eu era jornalista de música, e Marco seguia em sua carreira artística – Lydia Lunch, uma das maiores intérpretes musicais do nosso tempo. Ela aceitou e gravou algumas faixas em seu estúdio, depois nos enviou as gravações e, assim, começou um longo trabalho de edição. Então escrevi para Bobby Gillespie, o magnífico e magérrimo da banda Primal Scream que vocês todos devem conhecer. Você quer incluir sua voz para atuar, cantar, fazer o que quiser com essas palavras e sons? Ele disse sim.

Depois vieram o coronavírus, a pandemia, o *lockdown* e, nesse ponto, a maldição parecia perfeitamente cumprida. Assim criamos uma faixa introdutória chamada "Earth and World" [Terra e mundo], um faixa para voz abstrata, para voz não humana. Uma gravadora nos ofereceu uma edição em vinil. Sim, mas quando? Quando será retomada a produção de discos, livros e filmes?

Mais cedo ou mais tarde.

FEVEREIRO – MAIO 2020

Enquanto isso, no entanto, enquanto esperamos o lançamento do vinil, queremos divulgar esse trabalho, que parece ser a trilha sonora do Apocalipse. Conversamos com nossos amigos Cuoghi & Corsello, artistas bolonheses que conheço desde quando, nos anos 1980, alguns de seus cartazes cobriam as paredes dos suburbios de Bolonha, e propusemos que colaborassem na produção de vídeos para *Wrong Ninna Nanna*.

Nós nos encontramos um dia antes do início do *lockdown* e, na solidão criativa desses dois meses, C&C fizeram o vídeo de algumas músicas. Marco Bertoni criou os outros com a ajuda do filho.

## 14 DE MAIO

Manifestantes milicianos armados ajudam a reabrir negócios no Texas.

Segundo o jornal *Folha de S.Paulo*, milícias bolsonaristas não aceitam a derrota e estão se armando.

Guerra civil global no horizonte.

De acordo com Lorenzo Marsili, não precisamos esperar muito do fim do mundo:

Esqueçam os sonhos bucólicos de desaceleração. Basta pensar neste paradoxo: a aceleração vertiginosa do mundo e do tempo que nos rodeiam ocorre em meio a uma crise que nos obriga a desacelerar. Parece haver um mecanismo estranho segundo o qual, quanto mais paramos, mais a realidade é transformada por estarmos em casa. Longe de desacelerar o mundo, a Covid-19 acelerou bastante os processos de transformação pessoal, política e econômica já em andamento.

Um desgaste em vez de um colapso.

Nem mesmo a Covid-19 acabará com o mundo. Mas decerto pode levar a uma degeneração suplementar. As pequenas lojas poderão fechar cada vez mais rapidamente, em benefício das redes de distribuição organizada em larga escala; pode haver acirramento das medidas de austeridade para expiar a culpa do endividamento necessário; a tendência dos mais ricos de preparar rotas de fuga pode ser fortalecida, acelerando o processo de distanciamento das elites da própria comunidade nacional. A questão é que a crise não é mais uma interrupção da normalidade. A normalidade é a crise. A crise não é mais um momento decisivo, não é mais um divisor de águas, não é mais um momento heroico. Portanto, não é mais um conceito útil. Se fizéssemos uma lista das coisas que mais perdemos nesta quarentena – um exercício útil, apenas para perceber a pouca importância que certo consumismo teve em nossas vidas –, as relações humanas sem dúvida estariam no topo. Sentimos falta dos amigos. Mas realmente de todo mundo? Aqui está um exemplo simples do que significa superar a escolha binária entre crescimento e decrescimento. Menos amigos e mais amizade.

## 15 DE MAIO

Escrevem citando um comentário do coletivo Wu Ming no blog Giap, sentados à margem do rio:

Trata-se de uma espécie de princípio de incerteza no sentido heisenbergiano, entre o vírus e a emergência. Você não pode olhar e manter os olhos fixos nos dois, ou subestima um ou o outro. Mas o faz aos olhos do outro. Ou seja, para quem vê bem o vírus (ou acredita que o vê bem), a emergência é apenas uma contingência que passará se o vírus passar; para quem vê bem a emergência (ou acredita que a vê bem), o vírus, por mais grave e perigoso, será cada vez menos letal do que as consequências que as políticas de emergência estão provocando.

Toda discussão tem essa instabilidade e trazê-la à tona só pode ser algo bom.

Como costuma acontecer depois de ler Wu Ming, percebo que aprendi alguma coisa. Agora paro por um momento e medito a respeito.

Esta noite, aqui no terraço tem uma luz celestial que não quer ir embora e se esvai com lentidão, melancólica. Fazemos meia hora de ioga e um mantra bem longo antes que o sol se ponha completamente.

Em Bolonha, sete camaradas do círculo anarquista Il Tribolo foram presos sob a acusação infame de associação para fins de terrorismo ou subversão da ordem democrática. Trata-se de companheiros e companheiras que se mobilizaram em solidariedade e apoio aos presos, plenamente inseridos no movimento anticarcerário transversal que nos últimos meses voltou a se expressar nas prisões do conjunto carcerário de Dozza e nas iniciativas na cidade.

Toda a operação contra eles assume características sórdidas. Patrulhamento por drones (porque, com o quase encerramento da temporada de caça aos corredores, eles vão ter que ser usados para alguma coisa) até a invasão de domicílio por policiais com equipamento antimotim, com capacetes e escudos. Transferidos para prisões de segurança máxima de Piacenza, Alessandria, Ferrara, Vigevano. Por quê?

A única infração notificada é o dano a uma antena de retransmissão, cuja responsabilidade obviamente ainda deve ser apurada, mas que, infelizmente, lembra uma armação de outros tempos no vale de Susa.

O comunicado de imprensa do Ministério Público é um documento de caráter político: afirma a natureza preventiva da ação "destinada a evitar o surgimento, em outros momentos de tensão social, decorrentes da situação especial descrita como emergencial, de novos episódios de uma 'campanha de luta antiestado' mais geral", alinhando-se à normativa emitida pela ministra Luciana Lamorgese aos prefeitos para prevenir a "manifestação de surtos de expressão extremista".

Está em preparação uma onda de repressão preventiva, no clima de medo e isolamento favorecido pelo *lockdown*.

## 16 DE MAIO

Pessoalmente tenho antipatia por Guido Viale desde que, em julho de 1970, ele publicou no jornal *Lotta Continua* uma crítica péssima e extensa sobre meu primeiro livro, *Contro il lavoro* [Contra o trabalho]. Nunca o perdoei, mas admito que ultimamente ele tem escrito sempre coisas inteligentes. Hoje, ele publica no *Comune.info* um artigo no qual fala sobre a normalidade "turbinada":

Turbinada para compensar o tempo perdido, não o de Proust, mas o do PIB. Mais produção, mais exploração, mais precariedade – ou seja, falta de perspectivas e futuro – para todos, mais dívida, mais desigualdade entre ricos e pobres, mais marginalização daqueles que são deixados para trás, mais desprezo por aqueles que não devemos ver entre nós (para poder explorá-los melhor), mais indiferença em relação a "vidas descartáveis". Uma "dignidade paritária" e uma remuneração compatíveis com aquelas do chamado trabalho produtivo foram, durante muito tempo, reivindicadas para o trabalho de reproduzir e de cuidar, cujo papel essencial para o funcionamento da sociedade, longamente ocultado, foi trazido à luz pelos movimentos feministas. Em outras palavras, era uma questão de levar, por meio da luta, o trabalho do cuidado para a esfera do trabalho produtivo. Hoje, porém, fica claro que o movimento a ser promovido é exatamente o oposto. É necessário lutar para transformar todo trabalho produtivo em cuidado com a Terra, com a vida, com a convivência humana. É o cuidado que deve atrair, acolher e transferir para dentro de sua esfera de significado e reavaliação o chamado trabalho "produtivo", percebendo, nessa transformação, o reequilíbrio entre gêneros e papéis que o "desenvolvimento das forças produtivas" nunca conheceu nem podia realizar, uma inversão do campo, o que não é pouco. É nessa perspectiva que a reivindicação de renda incondicional pode perder seu caráter remuneratório – "pague-me em troca de algo" – para assumir as conotações de uma reivindicação consubstancial de pertencimento a uma mesma humanidade.

## 17 DE MAIO

Depois de meditar sobre as palavras de Wu Ming que mencionei anteriormente, vou tocar num ponto delicado e gostaria que ninguém me interpretasse mal.

Com certeza não sou um fanático da produtividade, nem idolatro a liberdade como um valor abstrato. Sou anarquista, mas não acho justo foder com outras pessoas em nome da própria liberdade. De fato, acredito realmente que o mito da liberdade (de alguns) tenha sido usado muitas vezes para impor a escravidão da maioria.

Em março, contudo, quando soube da obrigação de ficar em casa, quando vi as propagandas de celebridades que nos convidavam a imitá-las ficando em casa, como se todos tivéssemos piscina, terraço e mordomo, pensei imediatamente que havia algo errado. Ainda mais errado, porém, foi o convite oposto, à retomada do trabalho na linha de montagem a todo custo. A Confindustria é pior que Fiorello.

Deixa de enrolação. Para impedir a propagação do vírus, matando milhões de pessoas, estava certo parar tudo. Mas, dois meses depois, precisamos ver os dados relacionados à letalidade do vírus e descobrimos que eles são bastante baixos. Os números relativos à idade média dos mortos também são interessantes. 80 anos na Áustria, 80 na Grã-Bretanha, 84 na França, 81 na Itália, 84 na Suíça e 80 nos Estados Unidos. Como tenho setenta anos, não acho que é certo deixar velhos morrerem sem receber muito tratamento. Enfim...

Devemos talvez reconhecer que a periculosidade do vírus foi de alguma forma superestimada? Nesses casos, é melhor superestimar do que subestimar, não há dúvida. O que precisa ser explicado, entretanto, é o motivo pelo qual foi desencadeada a tempestade de informações mais angustiante de todos os tempos.

Repito que sou adepto ardoroso do *lockdown* e odeio "libertários" que querem que as pessoas trabalhem, menosprezando o perigo. No entanto, sem nenhuma intenção de polemizar sobre as medidas de prevenção, eu me pergunto: por quê?

Minha resposta é complexa, mas simples.

Em meados de 2020, testemunhamos uma crise de pânico global cuja causa só em parte estava ligada à pandemia; estava mais profundamente relacionada ao estresse psíquico de uma sociedade forçada a trabalhar em condições precárias, competitivas e miseráveis, além do estresse físico de um organismo enfraquecido pela poluição do ar e das linguagens.

Se as medidas de confinamento não tivessem sido impostas, o vírus teria matado muitas vezes mais – daí o *lockdown*.

O que precisa ser contido e erradicado, porém, não é apenas o vírus que desencadeia reações em alguns casos extremamente dolorosas e, às vezes, letais. O que também precisa ser debelado é a poluição sistemática do meio ambiente, o estresse da competição econômica e da hiperestimulação eletrônica. E isso não será feito nem pelos médicos nem por uma vacina. Temos que fazê-lo por meio da luta de classes. Warren Buffett tinha razão quando disse que a luta de classes não havia acabado – simplesmente eles, os chacais, ha-

FEVEREIRO – MAIO 2020 **123**

viam ganhado. Mas isso foi ontem, agora é amanhã. A luta de classes recomeça e desta vez os chacais estão confusos, pelo menos tanto quanto nós.

## 18 DE MAIO

Tenho que fazer uma confissão constrangedora. Nos últimos tempos mudei, minha personalidade mudou radicalmente, enfim, não me reconheço mais. Não como resultado da pandemia ou do *lockdown*, entendam, isso seria perdoável. Não, a mudança aconteceu por causa da Netflix.

Deixe-me explicar. Por cerca de quinze anos, Billi e eu concordamos em uma coisa: chega de televisão. Durante anos, todas as noites, havíamos arruinado nosso jantar com aquelas caras de bunda e as toneladas de merda que saíam delas. Chega.

A tela da televisão foi submersa por trepadeiras, cactos e rododendros, depois acabou no depósito de lixo. Por quinze anos, nunca mais vi televisão, exceto por alguns segundos em algum bar de má reputação.

Tornei-me assim um desajustado social. Nas discussões com conhecidos, metade das referências passavam batido, personagens muito célebres eram completos estranhos para mim. Melhor para mim se eu não soubesse quem era Giletti.

Então veio o *lockdown* e sabem o que fiz? Não fui comprar outra tv, não vamos exagerar, mas fiz uma assinatura da Netflix. Paguei nove euros e tive à disposição uma lista de coisas que eu não sabia que existiam. Mais ou menos por acaso, escolhemos ver algo chamado *La casa de papel* – pensamos que fosse a tradução espanhola de *House of Cards*, imaginem só. É sobre um assalto gigante à Casa da Moeda. Na verdade, não é um assalto, e sim a ocupação da casa onde o dinheiro é impresso. O objetivo é imprimir cerca de 2,4 bilhões de euros

**124** CRÔNICAS DA PSICODEFLAÇÃO

com a colaboração dos reféns. Entre eles está a filha do embaixador britânico na Espanha, e cada um dos heróis do assalto é chamado pelo nome de uma cidade: Tóquio, Moscou, Berlim, Nairóbi, Rio, Denver, Helsinque e Oslo.

Bem, não vou contar tudo, porém tenho uma coisa a dizer. *Casa de papel* é maravilhosa, avassaladora, melhor que Dostoiévski, melhor que Stendhal, melhor que toda a história da literatura universal. É claro que algumas coisas podem parecer absurdas (como a libertação de Tóquio por quatro sérvios barbudos). Mas, quando vocês leem a *Odisseia*, como podem acreditar que Ulisses teria atravessado a nado metade do Mediterrâneo? Simplesmente acreditam, porque foi o que Homero disse.

Confesso que sempre tive um fraco por assaltos, desde que, na prisão de San Giovanni in Monte, onde estive detido por crimes políticos chatos, conheci Horst Fantazzini, que havia roubado uma dúzia de bancos emilianos sem ter nenhuma arma de fogo. Isso mesmo, ele chegava nos guichês dizendo simplesmente (com o exercício do que os linguistas chamam de "ato linguístico performativo"): é um assalto. Os caixas lhe davam tudo o que tinham na gaveta e ele ia embora sorrindo alegremente. Uma vez, em Piacenza, uma caixa disse: "Vá embora ou eu chamo a polícia", e Horst (que era um cavalheiro refinado, falava um francês excelente e, na prisão, usava uma jaqueta de veludo fúcsia), respondeu: "Desculpe, passo outra hora".

Infelizmente, sou um cagão e nunca ousei roubar ninguém. Limitei-me a conceber rebeliões improváveis contra o Estado, e vivo com uma modesta aposentadoria de professor que provavelmente vai desaparecer nos próximos anos, junto com o Estado italiano e todos os outros.

Enfim, até dez dias atrás eu estava bem informado, lia todo dia o *Financial Times*, o *New York Times*, *Le Monde*, *Il Manifesto*, *L'Avvenire*, *El País*, além de três a quatro revistas semanais e grandes livros de história e filosofia. Agora não sei quase nada, só penso em *La casa de papel*, o professor simpático, a bela Tóquio e o enigmático e perturbador Berlim.

Meu ódio por bancos, por dinheiro e por aqueles que o acumulam no momento é expresso dessa maneira, no entanto espero que, nos próximos meses, enquanto o capitalismo continuar em colapso como um castelo podre, a expropriação se popularize.

Talvez a mudança na minha personalidade se deva também à falta da droga. Li que as fontes de suprimento mais ou menos se esgotaram, e, de qualquer forma, os moços que me reabastecem não são vistos desde que o maldito vírus os separou de mim. Vejam bem, eu não sofro com a abstinência. De fato, sem meus três baseados diários, meu cérebro fica excessivamente excitado e eu tenho pensamentos dos quais não deveria estar falando tão alegremente. Só falo disso com vocês, queridos amigos, mas bico calado. Que não se espalhe por aí.

De qualquer modo, este é o último capítulo da minha longa crônica da psicodeflação.

Deixo vocês, não sei o que vou fazer agora, contudo, como sabem, um bom jogo não dura muito, e isso já tem durado três meses.

Ontem, por decreto, voltamos à vida normal. *Sort of.*

Como sugere Andrea Grop em uma mensagem que compartilhei imediatamente, a palavra de ordem é: re-partir.[14] Também queremos repartir, é claro. Queremos repartir a riqueza que foi privatizada, queremos compartilhar os prédios vagos pertencentes a uma instituição financeira, queremos repartir o dinheiro acumulado por meio da exploração do trabalho. A palavra de ordem é: distribuição, expropriação, socialização dos meios de produção, renda garantida para todos, sem distinção de sexo, crença religiosa e origem geográfica.

------

14   O autor faz um jogo com o verbo "*repartire*", que em italiano significa tanto "reiniciar" como "compartilhar", "dividir". [N. T.]

Vocês vão ver que, em um ano, quase todo mundo entenderá que, se os expropriadores não forem desapropriados, a maioria das pessoas como você e eu acabará na mais profunda miséria e morrerá mal. E é melhor morrer bem do que morrer mal.

Alguém se perguntava se sairíamos melhores ou piores do confinamento. Depende do que isso quer dizer. Medo, distanciamento e chantagem econômica certamente não nos tornarão mais solidários, pelo menos por enquanto. Os patrões usarão o desemprego como chantagem. Os proprietários da Fiat já estão chantageando o Estado, pedindo bilhões de euros para sua empresa imunda, que, depois de explorar os trabalhadores e sugar por décadas as contribuições do Estado italiano, (não) paga impostos na Holanda e demite em Turim e Pomigliano.

Vai acontecer e vamos sofrer. Vamos sofrer muitas outras nos próximos meses. Sofreremos a violência racista contra migrantes, sofreremos a arrogância dos patrões e dos fascistas. Mas não sofreremos para sempre, porque o poder não se consolidará, o trem da economia não vai entrar de novo em movimento, ele está descarrilado, para sempre.

Tudo vai ficar instável, como um bando de bêbados em um barco no meio da tempestade em alto-mar. É preciso nos preparar para um longo período de instabilidade e resistência e é preciso fazê-lo imediatamente. Resistência significa criação de espaços de autodefesa, de sobrevivência, de produção do indispensável, de afeto e de solidariedade.

Existem pelo menos 85 chances em 100, talvez 90 e até mesmo 91, de que a vida social piore, de que as defesas sociais se esfacelem, de que formas de controle tecnototalitário permaneçam agarradas ao corpo doente da sociedade, de que o nacionalismo belicoso prevaleça. É provável, provável, provável. Talvez inevitável.

Entretanto, se na véspera de Ano-Novo eu o tivesse encontrado na rua e dito que dentro de três meses haveria 30 milhões de desempregados nos Estados Unidos, que o preço do barril de petróleo cairia a zero dólar, que o transporte aéreo pararia em todo o mundo e que, em comparação, o 11 de Setembro seria uma piada, você me internaria numa clínica psiquiátrica.

No entanto, aqui estamos.

Sabe por quê? Bem, eu já disse não sei quantas vezes: porque o inevitável geralmente não acontece. Na verdade, é o imprevisível que sempre prevalece.

# SEIS MEDITAÇÕES
# NO LIMIAR

## PARTE 2

CAPÍTULO 1

# LIMIAR E COSMOPOIESIS

## NÃO EXISTE

Um romance escrito a quatro mãos por William Burroughs e Philip K. Dick não existe.

O diretor britânico Ridley Scott misturou o destino dos dois quando pegou o título de um romance escrito por Burroughs em 1977, *Blade Runner*, para fazer um filme que conta uma história de Dick: *Androides sonham com ovelhas elétricas?* O resultado foi um trabalho que talvez tenha marcado o mais alto grau de consciência estética da mutação tecnocultural que estava sendo preparada nos anos 1980.

O esboço narrativo do livreto *Blade Runner* de Burroughs fala de uma epidemia de câncer. A ação ocorre nos dias de hoje. Após os distúrbios devastadores de 1984, no final do século XX, espalha-se um vírus que causa um câncer fulminante, mas que, ao mesmo tempo, tem o poder de multiplicar o poder sexual dos indivíduos. O corpo médico inibe a propagação do câncer fulminante transmitido pelos *blade runners*, entregadores que transportam drogas e antídotos. Um delírio, um delírio total (a história permaneceu quase desconhecida do público, apesar de uma edição da Berkeley Blue Wind Press de 1979). Um delírio do qual emerge, entretanto, a intuição que Burroughs retoma em *Ah Pook* – a intuição do vírus como metáfora da mutação cultural. *Ah Pook* (editado pela Sugarco em 1980) termina com uma visão apocalíptica: o ovo mortal maia libera o vírus B-23, que, "emergindo dos

131

mares remotos do tempo morto, alastra-se pelas cidades do mundo como um incêndio nas florestas".

Contudo, para entender o núcleo filosófico do delírio de Burroughs, é necessário ler *Playback from Eden to Watergate* e *The Electronic Revolution*, no qual ele explica, com sua lucidez alucinada e gélida, que a linguagem humana nada mais é do que um vírus que se estabilizou no corpo do animal humano, alterando-o, permeando-o, transformando-o no que ele é.

"A palavra em si pode ser um vírus que atingiu uma situação permanente no hospedeiro", escreve Burroughs em *The Electronic Revolution*.[1]

Se nos aprofundarmos nesse delírio, veremos surgir uma visão da origem da própria cultura. O abandono da condição "natural" é imposto por um vírus que produz um efeito esquizoide, um efeito que se manifesta como aptidão para a construção de universos que não correspondem à experiência perceptiva imediata, mas que concretizam linguisticamente uma arquitetura de significado, que encontra sua base apenas na projeção da linguagem em direção ao mundo. Em seu *Saggio sulla negazione* [Ensaio sobre a negação], Paolo Virno explica que a linguagem, longe de resolver os conflitos e pacificar a existência dos animais humanos, é justamente aquele salto evolutivo que institui a busca de significado e, portanto, incompreensão e, portanto, contradição, diferenciação, conflito, guerra.

Burroughs conta no *Exterminator!*:

Esse vírus, esse parasita antigo, é o que Freud chama de inconsciente, disseminado [...] na carne já doente pela radiação. Qualquer um que descenda dessa linhagem é fundamentalmente diferente daqueles que nunca conheceram a experiência da ca-

---

1 William S. Burroughs, *The Electronic Revolution*. Gottingen: Expanded Media Editions, 1970.

verna e nunca contraíram essa doença mortal que vive no nosso sangue e ossos e nervos [...]. Eles não se pertenciam mais. Pertenciam ao vírus. Tinham que matar, torturar, conquistar, acorrentar, degradar, como um cão raivoso deve morder.[2]

A linguagem não seria o agente que causa a separação esquizofrênica entre experiência consciente e natureza biológica? Não seria a alucinação que flui da linguagem que descarrila o animal humano do imediatismo de existir para a esfera da cultura?

O vírus linguístico tem um efeito esquizogênico porque projeta um segundo mundo, divergindo do imediato, e o universo cultural é um cisma da natureza, uma criação intimamente autocontraditória.

Se assim pudermos descrever a arquitetura esquizofrênica de Burroughs, descobriremos que isso é perfeitamente complementar à arquitetura paranoica de Philip K. Dick.

A imaginação de Burroughs é a de uma metrópole distópica doente e tóxica na qual viajam mensageiros que permitem a circulação incessante da droga pelos canais da mídia, do sistema nervoso, injeções constantes de doses de excitação e medo, descargas elétricas de adrenalina introduzidas nos neurotransmissores de atenção, nas profundezas daquele oceano de silêncio abafado que é o ambiente urbano paralisado pelo contágio.

A medicalização de todos os aspectos do sistema econômico, a falência das instituições que administram o dinheiro. Essa imaginação burroughsiana é o desenho do que o planeta aguarda após o fim do *lockdown* do coronavírus. Nada de retorno ao mundo normal, mas sim o salto numa dimensão em que o perigo da pandemia, e, de modo mais amplo, o perigo da

---

2    Id., *Exterminator!* [1973]. London: Penguin, 2012.

extinção, se tornam a motivação fundamental, o alfa e o ômega de toda troca, de toda produção? É a extinção que redefine o horizonte evolutivo neste momento. Nada mais burroughsiano.

> Defendo a teoria de que, na revolução eletrônica, um vírus é uma pequena unidade de palavra e imagem. Eu já sugeri como ativar biologicamente essas unidades para que atuem como fluxos virais transmissíveis. [...] Von Steinplatz postula que o vírus da mutação biológica, que ele chama de vírus B-23, está contido na palavra. Liberar o potencial do vírus pode ser mais mortal do que liberar o poder do átomo.[3]

O que virá depois da disseminação do vírus e depois da medicalização generalizada da existência? Uma guerra planetária entre as grandes empresas de pesquisa biológica e o aparato político para administrar a economia, ou, pelo contrário, uma santa aliança entre engenheiros biogenéticos e as grandes finanças?

Aqui, aos poucos, deslizamos do universo estilhaçado de Burroughs para o universo concentrado de Dick. O sistema de publicidade está em ruínas porque vende um mundo que não é mais acessível e, portanto, há uma rápida transferência da produção médico-tecnológica para a criação de SSM (*Simulated Stimulation Machines*): tecnomaia sintética de onde a vida social flui.

A velha tecnologia de realidade virtual, um tanto esquecida, recentemente revivida pelo Oculus Rift, expande seus tentáculos alucinógenos na mente planetária injetando doses crescentes de *Synaesthetic Simulated Life* (SSL).

Um tema crucial do trabalho pungente e caótico de Philip Dick é o da invasão a que o homem está sujeito. A invasão

---

3 Id. em Daniel Odier, *The Job. Interviews with William S. Burroughs*. New York: Penguin, 1974.

pode ser exógena ou endógena. Pode originar-se de agentes externos, como a droga M de *Um reflexo na escuridão*, ou como o *kipple*[4] mencionado em muitos lugares na obra de Dick. Ou pode ser endógena, como a psicose de que ele fala constantemente.

> Bagulho é todo tipo de coisa inútil, como correspondência sem importância, caixa de fósforos vazia, embalagem de chiclete ou homeojornal de ontem. Quando ninguém está por perto, o bagulho se reproduz. Por exemplo, se você vai dormir e deixa algum bagulho próximo ao seu apartamento, na manhã seguinte, quando acordar, terá o dobro daquilo. [...] Bagulho expulsa o não bagulho.[5]

Como Antonio Caronia aponta no livro *La macchina della paranoia* [A máquina da paranoia], a origem do *kipple* é a entropia. De fato, o *kipple* "é um princípio universal válido para todo o universo: o universo inteiro é direcionado para um estado final de kippleização total e absoluta".[6]

Essa invasão do *kipple* assume um caráter teológico, uma espécie de teologia invertida:

> Em uma resposta surpreendente para a crise, o verdadeiro Deus imita o universo, a própria região que invadiu: ele toma a forma de gravetos, árvores e latas de cerveja na sarjeta – ele presume que sejam lixo descartado, destroços nos quais ninguém mais repara. Espreitando, o verdadeiro Deus literalmente em-

---

4   Na edição brasileira, da qual foi extraída a citação a seguir, *kipple* foi traduzido como "bagulho". [N. E.]

5   Philip K. Dick, *Androides sonham com ovelhas elétricas?* [1968], trad. Ronaldo Bressane. São Paulo: Aleph, 2015.

6   Antonio Caronia e Domenico Gallo, *Philip K. Dick: la macchina della paranoia. Enciclopedia dickiana*. Milano: Agenzia X, 2006.

bosca a realidade e nós com ela. Deus, falando a própria verdade, nos ataca e fere, em seu papel de antídoto.[7]

Por outro lado, a psicose, em sua forma esquizofrênica (Dick teve um diagnóstico de esquizofrenia aos dezenove anos) ou em sua forma paranoica (o mundo de Dick é uma construção paranoica excepcional), é como um tipo de invasão da mente pela própria mente. No esquizofrênico, o *idios kosmos* (mundo privado) se expande de maneira anormal, absorvendo o sistema de relacionamentos e significados do *koinos kosmos* (mundo comum), forçando-os e recompondo-os sem responder a nenhum princípio organizacional.

O *koinos kosmos*, o mundo compartilhado, aquele no qual nos movemos diariamente (ou acreditamos estar nos movendo), aquele que constitui o objeto de trocas linguísticas e econômicas e que estamos acostumados a chamar de "realidade", é diferente, em Dick, do *idios cosmos*, aquele que projetamos em nossa mente e que, com base em nossa mente, projetamos para fora. "Comecei a desenvolver a ideia de que toda criatura vive em um mundo ligeiramente diferente do mundo de todas as outras criaturas."[8]

A psiquiatria às vezes define a esquizofrenia como uma forma de hiperinclusão do processo de significação. Quando atribuímos significados demais, quando abrimos demasiadas rotas de fuga semânticas, quando o ambiente circundante nos parece cheio demais de mensagens que devemos ser capazes de decodificar, entender e interpretar... então a existência pode se tornar difícil, dolorosa, estilhaçada.

De alguma forma, entretanto, o próprio conhecimento, a própria atividade mental deve ser considerada um agente invasor, um alienígena que nos habita. O mesmo acontece

---

7   P. K. Dick, *Valis* [1961], trad. Fábio Fernandes. São Paulo: Aleph, 2014.
8   Id., *Tutti i racconti 1947–1953*. Roma: Fanucci, 2006.

com a ignorância, o não saber algo que nos diz respeito de maneira extremamente íntima.

Ao falar da replicante Rachael, coprotagonista de *Androides sonham com ovelhas elétricas?*, o romance dickiano que leva o título (burroughsiano) de *Blade Runner* na versão de Ridley Scott, Dick declara em uma entrevista de 1982: "Rachael é um androide, só que ela não sabe. Essa é uma ideia que concebi há vários anos. É meio uma fixação para mim, considero uma ideia minha".

De fato, a ideia de que cada um de nós poderia ser um androide sem saber disso abre perspectivas filosóficas e psicológicas inimagináveis.

Não podemos talvez dizer que, de fato, o humano é um produto (cultural, técnico, histórico) de infinitas influências, solicitações, impulsos, implementações e, portanto, um androide que acredita ser ele mesmo? E o que seria esse "ele mesmo"? Essa "entidade" não seria o olhar externo sobre um organismo biológico técnica e culturalmente modificado que acredita que não é um objeto, mas um eu?

A história do *Impostor* também vem à mente. Um homem que vai trabalhar em um grande centro de pesquisa científica, porém é preso pelo FBI. O FBI informa não se tratar de Spence Olham, ele acredita ser de fato Spence Olham e se rebela. No entanto, o engano se confirma: na verdade, é um androide, a bomba está dentro dele e o mecanismo que a detona é uma frase que ele mesmo diz: "Meu Deus, eu sou um androide". Ele nem termina de pronunciar a frase e explode.

A sublime ironia de Dick aparece aqui para ocultar com um sorriso a consciência dilacerante da aleatoriedade dos eventos mais necessários:

> Barefoot realiza seminários em sua casa flutuante em Sausalito. Custa cem dólares para descobrir por que estamos nesta Terra. O preço inclui um sanduíche, mas eu não estava com fome na-

quele dia. John Lennon tinha acabado de ser morto e eu achava que sabia por que estamos nesta Terra; é para descobrir que o que você mais ama lhe será roubado, provavelmente mais por um erro nas altas esferas do que de propósito.[9]

## SE TIVESSEM ESCRITO

Se William Burroughs e Philip K. Dick tivessem escrito juntos esse romance que não escreveram, teriam imaginado o que estamos experimentando existencialmente nos primeiros meses de 2020: a proliferação do coronavírus em uma sociedade à beira do colapso ambiental, psíquico e financeiro.

Não devemos esquecer que a sociedade planetária não entrou em uma condição difícil após a explosão da epidemia de coronavírus. Não. Já estava prestes ao colapso antes. Do ponto de vista ambiental, as evidências são grandes. A série de catástrofes ocorridas no ano de 2019 é impressionante, e a economia mundial era mantida por uma intervenção constante para [que se chegasse à] recuperação financeira paga por trabalhadores e contribuintes, porque, caso contrário, teria parado há muito tempo, adaptando-se à condição de estagnação secular a que se destina. Além disso, o colapso psíquico era iminente, e isso podia ser entendido por meio dos muitos sinais disseminados no comportamento, mas sobretudo na arte, no cinema. Alguns meses antes da explosão do coronavírus, alguns eventos importantíssimos do cinema sinalizaram que o limite fora atingido. As antenas sensíveis de alguns grandes diretores percebem uma espécie de vibração patológica. O filme *Você não estava aqui*, de Ken Loach, mapeia as condições de tra-

---

9    Id., "The Transmigration of Timothy Archer" [1982], em *The Valis Trilogy*. Boston/New York: Mariner; Houghton Mifflin Harcourt, 2011, p. 1.

balho nas quais o colapso psíquico se torna inevitável. *Coringa*, o filme de Todd Phillips, narra a enorme expansão do sofrimento psíquico extremo em uma sociedade que beira a explosão de distúrbios psicóticos. *Parasita*, de Bong Joon-ho, encena a busca frenética pela sobrevivência em um mundo onde cada camada superior esmaga e enterra as camadas inferiores, até que uma epidemia de violência desorganiza toda a hierarquia.

Já era uma sociedade que, sob muitos pontos de vista, estava à beira do colapso. A essa altura, aparece um agente biossemiótico que finalmente provoca o bloqueio, a paralisia, o silêncio. Não é assim que começam os processos de mutação? Não seria a partir de eventos que não têm coerência com a estrutura existente, que não podem ser interpretados em termos sociais... enfim, não seria a partir de eventos sem significado que se iniciam as transformações profundas e irreversíveis da sociedade, às quais a vontade não pode se opor, a política não pode se opor e diante dos quais o poder não tem armas?

Essa mutação contém todos os elementos de uma história de Philip Dick, mas também muitos dos elementos conceituais que emergem das obras de Burroughs.

O vírus atua como um recodificador. O vírus biológico, antes de mais nada, recodifica o sistema imunológico dos indivíduos, depois o das populações.

O que mais me interessa são as transferências de campo em que o vírus opera, principalmente o salto da esfera biológica para a esfera psíquica, o efeito do medo, do distanciamento. O vírus altera a reatividade ao corpo do outro, atua no inconsciente sexual. Vimos bem nos anos da aids como um vírus pode mudar profundamente a disponibilidade erótica e, portanto, a solidariedade afetiva, entre as pessoas.

Em segundo lugar, há uma disseminação do vírus na mídia. A informação é saturada pela epidemia, a atenção do público é polarizada e paralisada. Mas, ao mesmo tempo, se aciona um novo tipo de sensibilidade. O passado é percebido de modo diferente e, sobretudo, o futuro está abalado.

## UM IMENSO POEMA CISMOGENÉTICO

Esse circuito bioinfopsicomutagênico precisa ser elaborado, as modalidades cognitivas que permitem superar o limiar precisam ser estabelecidas, porque estamos em um limiar.

O limiar é a transição da luz para a escuridão.

Mas também a transição da escuridão para a luz.

O limiar é o ponto em que ocorre o que Gregory Bateson chama de processo cismogenético. Não é uma revolução, não é uma nova ordem política, mas o surgimento de um novo organismo que se separa do antigo.

Para que esse processo cismogenético seja realizado de maneira não muito dolorosa e, sobretudo, de maneira consciente, é necessário um trabalho de elaboração coletiva que se dá por intermédio de signos, de gestos linguísticos. É propriamente o campo para a poesia, essa atividade que molda novos dispositivos de sensibilidade.

Notei que houve uma explosão literária nos últimos tempos. Não estou falando das banalidades escritas por Alessandro Baricco no *La Repubblica*, mas da imensa quantidade de elaborações escritas, fotográficas e musicais que estão ocorrendo, de forma fragmentada, esporádica, disseminadora, ou seja, de forma rizomática, nos circuitos da rede.

A internet, da qual falamos tão mal nos últimos tempos, nesta ocasião revela também seu poder solidário, agregador e libertador.

Começando pelas postagens que leio no Facebook ou pelas mensagens que leio em alguma lista de discussão. É óbvio, as pessoas têm muito mais tempo disponível, e, não conseguindo nem mesmo ir ao bar para conversar com os amigos, é claro que ficam na frente do computador e digitam. Quer dizer, não digitam; elas escrevem. Porque essa é a coisa interessante. Talvez tenham mais tempo para pensar em como contar um episódio minúsculo que aconteceu na frente de casa ou um evento colossal que foi visto na TV.

Milhões de pessoas estão registrando fragmentos de seu tempo no limiar, fazendo pequenos filmes, histórias em palavras e imagens. Estão tecendo a teia do cosmos que pode se tornar reconhecível para além do limiar, do cosmos que se separa, cismogeneticamente, da forma moribunda, da armadilha caótica das regras que mantinham o mundo coeso, destruindo-o.

Está em andamento uma pesquisa coletiva em larga escala, de caráter psicanalítico, político, estético e poético.

O que ocorreu nos últimos meses é uma ruptura brusca e profunda do senso do agir, do produzir e do viver. Não é apenas uma questão médica, é claro. O que está em questão são os próprios fundamentos da civilização que herdamos (os quais sofremos, mas dos quais também desfrutamos). Continuaremos a aceitar cortes nos gastos públicos? Continuaremos a aceitar que o tráfego de carros torne as cidades irrespiráveis? Continuaremos a aceitar que se gaste um enorme volume de energia no sistema militar? E assim por diante.

Além disso, continuaremos a nos olhar de soslaio, como somos forçados a fazer com a máscara e as luvas e o medo? Vamos beijar na boca uma pessoa que conhecemos uma hora atrás, depois de uma gostosa paquera?

Na extrema ruptura ocorrida no tecido do significado, foi ativada a máquina de escritura de um imenso poema cismogenético. Sua intenção tácita é produzir a forma harmônica da mutação, assimilar o refrão viral que induz a mutação e concatená-lo com refrãos individuais, de pequenos grupos, refrãos de grandes multidões, refrãos de corpos sociais capazes de superar o limiar da escuridão e reescrever o programa informático e o programa poético da atividade social.

Porque a escrita pode, em última análise, ser atividade cosmopoética, a energia que torna possível a travessia do limiar.

CAPÍTULO 2

# PARA ALÉM DO COLAPSO

De repente, o que pensamos nos últimos cinquenta anos precisa ser repensado por completo.

Graças a Deus (Deus é um vírus?), agora temos muito tempo livre, porque o velho *business* está *out of business*.

Quero dizer algumas coisas sobre três questões distintas. A primeira é o fim da história humana, que evidentemente se desenrola diante de nossos olhos. A segunda é a emancipação do capitalismo registrada como uma possibilidade entre as consequências do bloqueio da economia e o perigo iminente do tecnototalitarismo. A terceira é a volta da morte à cena do discurso filosófico – após a longa ausência moderna – agora que o corpo ressurge como dissipação.

## CRIATURINHA

A pessoa que melhor antecipou o apocalipse viral em andamento foi a filósofa Donna Haraway.

Em *Staying with the Trouble: Making Kin in the Chthulucene* [Conviver com o problema: parentesco no Chthuluceno], Haraway sugere que o agente da evolução não é mais o ser humano sujeito da história.

O humano perde sua centralidade nesse processo caótico, e não devemos nos desesperar, como certos nostálgicos do humanismo moderno. Ao mesmo tempo, no entanto, não devemos buscar conforto nas ilusões de um ajuste da técnica, como fazem alguns transumanistas tecnomaníacos.

A história humana está desaparecendo e os agentes da evolução, hoje, são os *critters*, para fazer coro com Haraway. A palavra *critter* significa "criaturinhas", pequenas criaturas brincalhonas que fazem coisas estranhas, como causar mutações. Para ser mais preciso: vírus.

Burroughs falou dos vírus como agentes de mutação biológica, cultural e linguística...

Os *critters* não existem como indivíduos. Eles se espalham coletivamente, de acordo com um processo de proliferação.

O ano de 2020 deve ser visto como o ano em que a história humana se dissolve, não porque os seres humanos desaparecem do planeta Terra, mas porque o planeta Terra, cansado de sua arrogância, lança uma microcampanha para destruir sua vontade de poder.

A Terra se rebela contra o mundo, e seus agentes são: furacões, inundações, incêndios e, principalmente, *critters*.

O agente da evolução não é mais o ser humano consciente e agressivo, e sim a matéria molecular, microfluxos de criaturas incontroláveis que invadem o espaço da produção e da fala, substituindo a *History* pela *Herstory*, no tempo em que a Razão teleológica é substituída pela sensibilidade e pelo sensual devir caótico.

O humanismo é baseado na liberdade ontológica que filósofos italianos do início do Renascimento ligam à ausência de um determinismo teológico. Não é a vontade de Deus que governa a história do mundo, é a vontade humana. Esse é o pensamento da modernidade. Um determinismo teleológico (o determinismo de propósitos voluntários) substituiu o determinismo teológico da civilização teocrática. Então, agora o determinismo teleológico (o domínio da vontade humana) também parece terminar, e o vírus toma o lugar da vontade teleológica consciente do humanismo.

O fim da subjetividade como motor do processo evolutivo implica o fim do que chamamos História com agá maiúsculo e envolve o início de um processo no qual a teleologia consciente é substituída por múltiplas estratégias de proliferação.

A proliferação, a difusão de processos moleculares, substitui a História como macroprojeto.

O pensamento, a arte e a política não são mais vistos como projetos de totalização (no sentido hegeliano de *Totalisierung*), mas como processos de proliferação sem totalidade.

## ÚTIL

Depois de quarenta anos de aceleração neoliberal, a corrida pelo capitalismo financeiro de súbito parou. Um, dois, três meses de bloqueio global, uma longa interrupção do processo de produção e movimentação de pessoas e bens, um longo período de autorreclusão, a tragédia da pandemia... Tudo isso está destinado a quebrar a dinâmica capitalista de maneira irremediável e irreversível. Os poderes que administram política e financeiramente o capital global estão desesperados tentando "salvar a economia" por meio da injeção de enormes somas de dinheiro. Bilhões de bilhões de bilhões... Números, números que tendem a significar: zero.

De repente, o dinheiro não importa nada, ou muito pouco.

Por que dar dinheiro a um cadáver? Você pode restituir a vida ao corpo da economia global injetando dinheiro? Não pode. O ponto é que tanto o lado da oferta como o da demanda se mostram imunes a estímulos monetários, porque o colapso não ocorre por razões financeiras (como em 2008); ele se deve ao colapso dos corpos, e os corpos nada têm a ver com o estímulo financeiro.

Estamos cruzando o limiar para além do ciclo de trabalho-dinheiro-consumo.

Quando um dia – esperamos que seja logo – o corpo sair do confinamento da quarentena, o problema não será o reequilíbrio da relação entre tempo, trabalho e dinheiro, da relação entre dívida e pagamento da dívida. A União Europeia foi partida por sua obsessão com a igualdade orçamentária, porém as pessoas morrem, os hospitais ficam sem suprimentos médicos e ventiladores, e os médicos ficam sobrecarregados pelo cansaço, pela ansiedade, pelo medo de contágio. E isso não pode ser trocado por dinheiro, porque dinheiro não é o problema. O problema é: quais são as nossas necessidades concretas? O que é útil para a vida humana, para a comunidade, para o tratamento?

O valor de uso, que há muito tempo foi expulso do campo da economia, está de novo no centro do palco: o útil é rei.

O dinheiro não pode nos comprar a vacina que não descobrimos, não pode comprar máscaras que não foram produzidas. Não pode comprar as unidades de terapia intensiva destruídas pela reforma neoliberal do sistema de saúde na Europa.

Assim, o dinheiro é impotente. Só a solidariedade social e a inteligência científica estão vivas e podem se tornar politicamente poderosas. É por isso que acredito que não voltaremos ao normal no fim da quarentena global. A normalidade nunca retornará, não deve retornar. O retorno ao normal seria a pior das desgraças, porque prepararia colapsos cada vez mais sérios.

O que acontecerá depois não é predeterminado nem previsível.

De fato, temos inúmeras possibilidades, mas por enquanto vejo duas grandes alternativas: o retorno à normalidade capitalista imposta pela força de um sistema tecnototalitário, ou a fuga da continuidade da norma, a liberação da atividade humana da abstração capitalista e a formação de uma sociedade molecular baseada na utilidade.

O governo chinês está experimentando uma forma de capitalismo tecnototalitário em grande escala. Essa solução, antecipada pela abolição temporária da liberdade individual, pode se tornar o sistema dominante no futuro próximo, como Agamben argumentou em alguns de seus textos controversos. O que diz é, contudo, apenas uma descrição óbvia do que emerge do presente e do futuro provável.

Eu gostaria de ir além do provável, porque o possível me interessa mais.

O possível está contido no colapso do poder da abstração e no dramático retorno do corpo concreto como portador de necessidades concretas. O útil, esquecido há muito tempo e retirado do processo capitalista de valorização abstrata, voltou ao centro do campo social.

O céu está limpo, nestes dias de quarentena, a atmosfera está livre de partículas venenosas, porque as fábricas estão fechadas e os carros não podem circular. Voltaremos à economia extrativista poluente? Voltaremos ao frenesi da destruição pelo acúmulo de abstratos, à aceleração inútil destinada a acumular dinheiro? Não, precisamos avançar na direção da criação de uma sociedade baseada na produção do útil.

O que resta do poder capitalista tentará sobreviver impondo um sistema tecnototalitário; isso é previsível.

No entanto, a alternativa agora é visível: uma sociedade livre da compulsão da acumulação e do crescimento econômico.

## PRAZER

O terceiro ponto sobre o qual quero refletir é a volta da mortalidade como personagem que define o humano. O capitalismo foi uma tentativa fantástica de superar a morte, de livrar-se dela.

A acumulação é o artifício que substitui a morte com a abstração do valor, a continuidade artificial da vida no mercado.

A transição da produção industrial para o infotrabalho, a transição da conjunção para a conexão na esfera comunicativa: esse é o ponto de chegada da corrida em direção à abstração, que é a principal tendência da evolução capitalista.

Na pandemia, a conjunção é proibida. Fique em casa, não visite amigos, mantenha distância, não toque em ninguém. Há uma enorme expansão do tempo que passamos *online*, inevitavelmente, e todos os relacionamentos – trabalho, produção, educação – foram transferidos para essa esfera que impede a conjunção. O intercâmbio social *offline* não é mais possível. O que acontecerá depois de alguns meses assim?

Talvez, como Agamben prevê, entraremos em um inferno totalitário de vida integralmente conectiva. É provável. Mas outro cenário é possível.

Vamos supor que, em certo sentido, a sobrecarga de conexão interrompa o feitiço. Quando a pandemia se dissipar (caso se dissipe), é possível que ocorra uma identificação psicológica: *online* é sinônimo de doença. Em seguida, será criado um movimento de carícia que levará os jovens a desligarem as telas porque são a lembrança de um tempo solitário e angustiante. Isso não significa que devemos voltar à fadiga física do tempo industrial, mas sim que devemos aprender a colher o fruto da riqueza que a máquina libera para nós: o tempo, o prazer, o gozo.

A propagação da morte que conhecemos neste período pode nos devolver a sensação do tempo como gozo, e não como adiamento da alegria. Utilidade e gozo podem conviver, acumulação e gozo são incompatíveis.

Após meses de conectividade, talvez as pessoas saiam de suas cabanas em busca de conjunção. Um movimento de solidariedade e ternura poderia se desenvolver e levar os humanos a se emancipar da ditadura conectiva.

A morte voltou a ocupar o centro da cena: a consciência da mortalidade, há muito removida e que dá vida aos seres humanos.

CAPÍTULO 3

# RECODIFICADOR UNIVERSAL

Na tempestade viral, o poder parece estar abalado e a potência, aniquilada, enquanto um fluxo caótico de possibilidades invade a paisagem da evolução humana.

Aqueles que pensam ser líderes poderosos e ter a responsabilidade de decidir parecem crianças perdidas no escuro. Alguns não perderam a arrogância, embora seja evidente que não entendem o que está acontecendo à sua volta; os mais sensatos, porém, admitem certo senso de inadequação da política e confessam sua desorientação. Os critérios de avaliação social do passado tornaram-se incapazes de medir, avaliar, comparar coisas, porque as prioridades estabelecidas pela ciência econômica estão inativas e não conseguem conter a proliferação caótica do vírus.

Os pontos cardeais da geografia política perderam o rumo e estamos testemunhando a impotência da política, inadequada para governar um fenômeno que vem da esfera do invisível. A vontade, que foi o ator principal na cena política, está confusa, incapaz de distinguir e reagir. Por alguns séculos, os humanos optaram por ignorar seus limites e foram pegos pela ilusão de onipotência política ou onisciência científica.

Graças a essa ilusão e a esse gesto de arrogância, construíram o edifício do capitalismo moderno, contudo agora se evidencia que a complexidade da natureza está muito além da capacidade de redução da compreensão científica, e que o caráter caótico do mundo humano é irredutível à vontade de governo.

Aqueles que fingem ter a situação sob controle são ridículos ou tristemente patéticos, e os lobos agressivos que uivavam or-

**149**

gulho nacional e superioridade étnica agora vagam sem saber o que fazer, seus rompantes se reduziram a um coaxar estridente.

Economistas e instituições financeiras disparam cifras monetárias, como nos tempos antigos os mágicos lançavam fórmulas mágicas. Acham que podem domar a onda crescente de pânico e depressão jogando enormes somas de dinheiro na esfera cabalística da abstração financeira.

Entretanto, os números astronômicos não impedem a propagação da pandemia e estão destinados a fracassar no objetivo de uma rápida recuperação da economia. A metodologia tradicional de intervenções econômicas e financeiras não funciona porque o que está faltando não é dinheiro. O que falta é menos cabalístico do que a alquimia financeira. Estão faltando hospitais, máscaras, ventiladores e, mesmo nas prósperas metrópoles ocidentais, para muitas pessoas faltam comida e artigos básicos.

Como resultado do *lockdown*, cuja extensão permanece indefinida, milhões de trabalhadores estão perdendo emprego. Quanto tempo esse colapso do velho equilíbrio entre trabalho, salário e mercado pode ser bancado pelos estados? O desemprego se tornará uma condição predominante e, então, teremos que começar a organizar as atividades de produção do útil de forma independente.

Pela primeira vez, a assimetria entre economia e vida é tão evidente, e a abstração monetária parece estar rodando no vazio. É isso que precisamos explicar e interpretar para desenvolver uma compreensão do mundo que emerge da mutação desencadeada pelo vírus.

A história moderna se desenrolou no contexto semiótico do código econômico.

Eventos, ações e relacionamentos foram semimobilizados a partir do registro do código econômico: o tempo poderia ser medido em termos matemáticos como fonte de valor. A matemática penetrou nos circuitos intensivos da existência

**150** SEIS MEDITAÇÕES NO LIMIAR

segundo um critério de funcionalidade. O fundamento da acumulação de capital financeiro é reduzir tudo a operações matemáticas.

É claro que havia outros registros, outros códigos de interpretação da experiência: o registro mitológico, do qual política, ideologia e religião são uma expressão; e o registro psicoafetivo (erotismo, amizade, desejo, inconsciente), que atuava na psicosfera social. Mas o motivo predominante do capitalismo foi a crescente subsunção no processo de abstrair cada fragmento da realidade e da experiência e, portanto, o domínio invencível do código econômico sobre a máquina geral da existência humana.

Muitas vezes o código mitológico se infiltrou no espaço econômico e tentou impor prioridades diferentes: igualdade, felicidade, paz. Revoluções abalaram a ordem da reprodução social e tentaram – às vezes com algum sucesso – inserir princípios ideológicos ou religiosos no sistema da vida cotidiana; mas, no final, o código econômico geralmente recuperou a vantagem. "Não há alternativa" – essa é a frase que resumiu o sentimento de impotência dos domínios políticos, éticos ou emocionais, desde que a economia passou a dominar o jogo.

De fato, em uma dimensão expansiva, enquanto a expansão podia ser o horizonte da ação humana, o princípio econômico era perfeitamente funcional como codificação universal das empresas humanas. Expansão significa crescimento e acumulação.

No contexto econômico, o conceito de crescimento não se refere à quantidade de bem-estar, coisas úteis e prazer que podem ser experimentados, e sim à codificação abstrata da massa de produtos e serviços em termos monetários. Assim, o acúmulo de valor abstrato é o efeito da exploração da atividade social, transformada em trabalho abstrato.

Em algum momento, porém, o horizonte de expansão começou a se dissipar e agora desaparece, porque a possibilidade de expansão acabou, enquanto extração de materiais físicos e enquanto exploração de recursos nervosos dos seres humanos.

Surge uma perspectiva de estagnação, e a busca obsessiva pela expansão do capital acabou dependente da destruição, da produção do inútil e da produção ativa de doenças e morte.

Fomos alertados sobre o esgotamento iminente da expansão desde 1971, quando foi publicado o *Relatório sobre os limites do desenvolvimento*. Desde então, sabemos que a expansão do capital depende da destruição dos recursos da Terra e das energias nervosas dos trabalhadores, assim como da qualidade de vida, do ar e da água.

A partir do momento em que o horizonte de expansão se dissolveu e a aceleração da abstração financeira engoliu o mundo real, começamos a descobrir o horizonte da extinção.

Dessa perspectiva, o ano de 2020 é um ponto de virada.

Depois das nuvens tóxicas de Delhi em novembro, depois dos incêndios nas florestas australianas em dezembro, entramos na mutação que envolve tudo, desencadeada pela proliferação de um vírus. Essa concretização da matéria invisível bloqueou a máquina abstrata de aprimoramento e acumulação.

O código econômico, que estabeleceu prioridades e medidas de valor, é substituído pelo bios, que funciona inexoravelmente como um novo código de semiotização.

A biosfera é atravessada por um agente que não pode ser reduzido ao código abstrato da economia, e o vírus atua como um recodificador universal.

O sistema de prioridades econômicas implodiu, tornou-se incapaz de interpretar e codificar a realidade da vida planetária. Agora a vida real é esta: florestas que queimam, geleiras que derretem, poluição tóxica do ar, pandemia.

A história do capitalismo era a história do domínio em expansão do abstrato sobre o útil, contudo a corrida à abstração foi interrompida pela súbita inserção de uma concretização material em proliferação: o vírus.

O bios (horizonte de extinção) recodifica todos os eventos, atos e sinais.

A tarefa da filosofia consiste hoje em imaginar uma maneira de coevoluir com o biossemiovírus, de coevoluir com o efeito psicossemiótico que a recodificação biológica do mundo torna necessário e talvez possível.

Como podemos experimentar com êxito a recodificação universal que foi posta em ação de forma irreversível? Essa é a questão ética que nos é apresentada.

CAPÍTULO 4

# O TERCEIRO INCONSCIENTE

## INCONSCIENTE E INFINITO

O inconsciente é um conceito essencial da reflexão psicanalítica.

Ao mesmo tempo íntimo e estrangeiro, é uma fonte magmática da imaginação de possíveis configurações do mundo.

Ignacio Matte Blanco desenvolve o conceito de inconsciente como uma dimensão inumerável, na qual estão contidos conjuntos infinitos, e a partir do qual podem emergir inúmeras recomposições do imaginário.

"O inconsciente lida com conjuntos infinitos que têm não só o poder do numerável, mas também o poder do contínuo."[10]

A noção de "contínuo" emerge aqui em oposição à noção de "discreto"; a tecnologia digital é baseada na combinação de unidades discretas, enquanto o inconsciente é um contínuo magmático.

Isso é extremamente importante no contexto da tese que pretendo afirmar, a saber, que a linguagem digital não tem nada a ver com o inconsciente.

Em *O anti-Édipo*, Deleuze e Guattari afirmam que o inconsciente, longe de ser um repositório dos conteúdos rejeitados da experiência, "não é um teatro, mas uma fábrica". É uma força produtiva que emana ativamente fluxos de desejo dinâmico e criativo:

---

10   Ignacio Matte Blanco, *The Unconscious as Infinite Sets: An Essay in Bi-Logic*. London: Geral Duckworth and Co., 1975.

**154**   SEIS MEDITAÇÕES NO LIMIAR

O desejo é esse conjunto de sínteses passivas que maquinam os objetos parciais, os fluxos e os corpos, e que funcionam como unidades de produção. O real decorre disso, é o resultado das sínteses passivas do desejo como autoprodução do inconsciente. Nada falta ao desejo, não lhe falta o seu objeto. É o sujeito, sobretudo, que falta ao desejo, ou é ao desejo que falta sujeito fixo; só há sujeito fixo pela repressão. O desejo e o seu objeto constituem uma só e mesma coisa: a máquina, enquanto máquina de máquina.[11]

A conceitualização esquizoanalítica do inconsciente rompe com o estruturalismo ao qual estava presa anteriormente, em coerência com a ideia afirmada por Matte Blanco de que o inconsciente é uma atividade que se desenvolve como um conjunto infinito de possibilidades.

Existem estruturas de linguagem, claro. No entanto, elas são quebradas, desconstruídas e recompostas o tempo todo por máquinas desejantes alimentadas pelo inconsciente, diz Guattari em seu artigo "Máquina e estrutura", de 1969 (que determinou seu afastamento de Lacan).

## SOBRE O CONCEITO DE INCONSCIENTE COLETIVO

A ideia de que o inconsciente possa ser considerado uma dimensão coletiva remonta notoriamente a Carl Gustav Jung. Em *Psicologia do inconsciente* (1943), ele escreve:

> Na medida em que fazemos parte da psique coletiva histórica, através do nosso inconsciente, é natural que vivamos incons-

---

11  Gilles Deleuze e Félix Guattari, *O anti-Édipo* [1972/1973], trad. Luiz B. L. Orlandi. São Paulo: Editora 34, 2010, p. 43.

cientemente num mundo de lobisomens, demônios, feiticeiros e tudo mais, porque, antes de nós, em todos os tempos, essas coisas afetaram o mundo violentamente.[12]

Na mente pré-simbólica, o conteúdo do inconsciente coletivo não estava separado da consciência individual, contudo, após a Iluminação moderna, o pensamento científico substituiu o pensamento mítico. O legado do passado, no entanto, não desapareceu. Permanece como fundamento comum do inconsciente. Em Jung, o inconsciente coletivo "é uma figuração do mundo, representando a um só tempo a sedimentação multimilenar da experiência".[13]

Jung fala do inconsciente coletivo como um patrimônio de influências da tradição passada que sedimentou arquétipos compartilhados pela imaginação coletiva, mas prefiro enfatizar a dinâmica de transformação da mente quanto ao ambiente tecnológico, e não quanto ao legado da história passada do simbolismo mitológico.

Por isso, proponho o conceito de psicosfera com a intenção de definir as interferências produzidas pela estimulação eletrônica na atividade psicocognitiva. E proponho uma distinção entre o espaço comum em que circulam a informação, a dimensão midiático-tecnológica da comunicação social (que chamarei de "infosfera") e a influência que a infosfera exerce tanto sobre o inconsciente exposto à estimulação infosférica como sobre a atividade cognitiva em geral.

Não pretendo aqui investigar detalhadamente essa influência e a transformação cognitiva e psíquica causada pela digitalização. Esse tem sido o tópico principal do meu trabalho nos últimos vinte anos. Menciono apenas as linhas

---

12 Carl Gustav Jung, *Psicologia do inconsciente* [1912], trad. Maria Luiza Appy. Petrópolis: Vozes, 2011, p. 106.
13 Ibid., p. 107.

gerais da psicomutação, com referência especial ao aspecto psicopatológico dessa mutação.

## A REVOLUÇÃO PSICÓTICA DO INCONSCIENTE ESTILHAÇADO

Mutação e sofrimento não estão necessariamente ligados. Mutações felizes são possíveis quando a mutação pode ser dominada de forma consciente; mas a mutação em curso é profundamente influenciada pelo contexto social e econômico de precariedade, competição e consequente ansiedade. Por isso, a transformação do ambiente tecnolinguístico produziu, acima de tudo, efeitos patológicos que se manifestam essencialmente como uma explosão do inconsciente e como uma proliferação da psicose.

Na época de Sigmund Freud, o principal objeto da teoria e prática psicanalítica era a neurose, que parece ser "o desfecho de uma luta entre o interesse da autopreservação e as exigências da libido, uma luta que o Eu vencera, mas ao custo de severo sofrimento e renúncia".[14]

Segundo Freud, o capitalismo moderno, como qualquer outro sistema de civilização, porém de forma muito mais aguda e invasiva, se funda sobre o recalque da libido individual e sobre a sublimação organizada da libido coletiva. O mal-estar do qual Freud fala é insuperável no contexto da civilização, e o objetivo da terapia psicanalítica é tratar, por meio da linguagem anamnésica, as neuroses que isso produz em nós.

A repressão desempenha papel fundamental na geração da neurose: reprimir o desejo sexual e o desejo de liberdade em

---

14 Sigmund Freud, "O mal-estar na civilização, novas conferências introdutórias e outros textos" (1930–1936) em *Obras completas*, v. 18, trad. Paulo César de Souza. São Paulo: Companhia das Letras, 2011, p. 84.

muitas áreas da vida era condição indispensável para uma coexistência e colaboração produtivas. Enquanto o processo de produção se baseava na mobilização da energia física, a expressão do desejo do corpo precisava ser contida e reprimida para poder destinar as energias à produção de valor de troca.

No entanto, no contexto do semiocapitalismo que é forjado na época neoliberal, a repressão é substituída pela hiperexpressão.

A expressividade excessiva é o núcleo do capitalismo contemporâneo, segundo Baudrillard. Na sua visão, "o Real cresce como o deserto. [...] Ilusão, sonho, paixão, loucura, drogas, mas também artifícios, o simulacro – esses eram os predadores naturais da realidade. Tudo isso perdeu muito de sua energia, como se tivesse sido afetado por uma doença incurável e traiçoeira".[15]

Quando estamos lidando com o sofrimento contemporâneo e o desconforto da primeira geração conectiva, não estamos mais no contexto conceitual que Freud descreve em *O mal-estar na civilização*. A patologia neurótica com que a psicanálise lida se baseava no que está oculto. Algo que os olhos não veem, que é recalcado, até desaparecer submerso no fundo magmático do inconsciente; algo que não podemos ver e do qual não podemos desfrutar.

Pelo contrário, na economia semiótica do novo século, a patologia não surge da ocultação, ela é desencadeada pela hipervisibilidade. Excesso de visão, explosão da infosfera e sobrecarga de estímulos infoneurais. Essas são as raízes da psicose que explode no novo século. Não a repressão, mas a superexpressão é o pano de fundo do mapa psicopatológico contemporâneo: distúrbios de atenção, dislexia, pânico...

O neurótico freudiano é aquele que teve que mais ou menos reprimir o conteúdo inconsciente de sua atividade

---

15 Jean Baudrillard, *Le Pacte de lucidité, l'intelligence du mal.* Paris: Galilée, 2004.

desejante, porém sofre com essa repressão. Na era semiocapitalista, o inconsciente está em exibição.

O imperativo do superego social mudou de direção. Enquanto o imperativo freudiano exigia renúncia aos instintos, o novo imperativo social nos estimula a desfrutar. De fato, os sintomas de mal-estar na civilização contemporânea estão intimamente relacionados ao prazer, ou melhor, à busca incansável de um prazer que nunca cessa de escapar.

O universo semiótico se move muito rápido, muitos sinais pedem para ser interpretados simultaneamente, muitos estímulos semióticos excitam nosso cérebro.

Então, tentamos entender o significado por meio de um processo de hiperinclusão e de extensão dos limites do significado. Na conclusão de seu último livro, *O que é a filosofia?*, Deleuze e Guattari escrevem:

> Pedimos somente um pouco de ordem para nos proteger do caos. Nada é mais doloroso, mais angustiante do que um pensamento que escapa a si mesmo, ideias que fogem, que desaparecem apenas esboçadas, já corroídas pelo esquecimento ou precipitadas em outras, que também não dominamos. São *variabilidades* infinitas cuja desaparição e aparição coincidem. São velocidades infinitas, que se confundem com a imobilidade do nada incolor e silencioso que percorrem, sem natureza nem pensamento.[16]

A terra estrangeira íntima (*innere Ausland*) explodiu na era da conexão global. Os piores pesadelos se tornaram realidade na era do inconsciente digital. O digital entrou em curto-circuito com o inconsciente, e o conteúdo do inconsciente é revelado a descoberto pela infinita máquina midiática.

---

16  G. Deleuze e F. Guattari, *O que é a filosofia?* [1991], trad. Bento Prado Jr. e Alberto Alonso Muñoz. São Paulo: Editora 34, 1997, p. 259.

A infosfera invadiu a psicosfera a ponto de paralisá-la na abstração tecnofinanceira.

## A TERCEIRA PSICOSFERA

Agora, durante a expansão do contágio e do confinamento, percebi gradativamente que a psicosfera é atingida por uma onda mutagênica. A atividade mental de construção de engrenagens lentamente desengrena-se. A sensibilidade está em jogo, o desejo está em jogo.

Reconstruindo a evolução tardomoderna do conceito de inconsciente e suas evoluções, eu disse que os limites entre consciente e inconsciente mudaram de lugar, revelando novas dimensões do mal-estar, passando de um regime neurótico para um regime psicótico. Esses limites estão mudando novamente de lugar, quebrando, confundindo, sobrepondo-se, dando lugar às engrenagens que mantinham unidos os universos da sensibilidade, do erotismo e da afetividade.

Estamos no limiar. Que panorama psíquico surgirá na era que se seguirá à grande psicodeflação de 2020?

No longo prazo, quais serão os efeitos da invasão do ambiente sensual e emocional pelo vírus?

O trauma não é evidente de imediato. Apesar das declarações bombásticas dos líderes políticos, não estamos em guerra; o inimigo não é visível, as feridas não se manifestam na hora, às vezes não se manifestam, a morte não é exibida nas ruas, a morte é ocultada, os funerais são clandestinos, ocultados da vista do público. Portanto, o trauma age devagar e se apresenta primeiro na forma de psicodeflação, desaceleração, retorno do bendito tédio esquecido tanto tempo atrás.

Estamos no limiar, em um estado de calma. Uma relação distante com o mundo circundante e com a esfera pública.

Mas, nesse oceano de calma e de silêncio, ataques de pânico se multiplicaram por quatro, de acordo com o *New York Times* em um dia de abril.

O que encontramos do lado de lá desse limiar, desse extremo? O que seremos capazes de criar do outro lado do limiar?

Uma vez que o inconsciente não é um teatro, mas uma fábrica, que configurações imaginárias o inconsciente será capaz de elaborar?

Além do limiar, começa uma deriva, não um caminho predeterminado, e sim uma oscilação, uma flutuação prolongada entre desejo e angústia.

Acredito que, depois do limiar, entraremos na terceira fase do inconsciente, ou melhor, na terceira fase da psicosfera transmoderna (pela expressão "transmoderna", quero dizer a parábola que vai da modernidade industrial expansiva à modernidade semiocapitalista neoliberal tardia, à era magmática atual, cujo horizonte parece ser a extinção).

Vamos tentar esboçar a passagem atual do ponto de vista do regime psicopatológico: após o regime psicopatológico da neurose freudiana, patologia da repressão e ocultação, surgiu o regime ambíguo do esquizo, que foi tanto liberação como encapsulamento em automatismos: hiperexpressividade e psicose do pânico.

Estamos caminhando para um regime autista do relacionamento emocional e social?

Pense nos efeitos que a aids produziu na década de 1980. Um desinvestimento das energias dedicadas ao prazer, uma transferência de energia sexual para o regime pornô do erotismo conectivo. Erotismo da excitação sem prazer. Do ponto de vista cultural e estético, a aids criou a base para a transição para a conexão, para o virtual.

No entanto, a síndrome da imunodeficiência adquirida envolveu uma parte marginal do panorama social. O contágio era possibilitado pela troca de sangue, sêmen e secreções vaginais.

Hoje é diferente. A troca de saliva, a exposição à respiração do outro podem ter efeito patogênico. Uma sensibilização fóbica generalizada à pele do outro pode se infiltrar no inconsciente coletivo, envenenar as fontes dessa conspiração que torna a vida vivível.

Uma reação xenopática da pele abriria a porta à depressão e à agressividade.

Seremos forçados a ser cautelosos. Nossa própria consciência fóbica nos levará a cautela. É possível que a sensualidade conviva com esse tipo de cuidado fóbico?

Não tenho respostas a essa pergunta terrível, mas acho que pensar sobre essa questão é muito urgente.

Abrem-se campos à imaginação psicanalítica (esquizoanalítica), e nesses campos encontraremos com certeza a imaginação poética.

## CRITÉRIOS SINTOMÁTICOS

Que significado tem a palavra *poesia*, a palavra *arte*, na elaboração psíquica do trauma?

Susi Chen fez uma sugestão alguns dias atrás, durante um seminário do Hunter College no Zoom, para o qual Daniel Bozhkov havia me convidado. Susi sugere que a poesia são os *critters* da linguagem.

Iluminador: a construção estruturada da linguagem desmorona porque um material psíquico inefável penetra no espaço da comunicação. Eis que entram em ação (se formos capazes) partículas linguísticas dissolutivas e recompositivas – *critters*, como diz Donna Haraway:

> Temos que de algum modo fazer a passagem, herdar o problema e reinventar as condições para que múltiplas espécies prosperem, em uma época de guerras e genocídios humanos

contínuos, além de extinções em massa e genocídios de múltiplas espécies causados por seres humanos que sugam as pessoas e os *critters* [criaturas]. Precisamos "ousar 'construir' a passagem; isto é, criar, fabular, para não nos desesperar".[17]

Essa relação interespécies, ultra-humana, segundo Haraway, é o que as criaturas transmigratórias possibilitam:

> Talvez pela curiosidade sensual molecular, e definitivamente pelo apetite insaciável, a irresistível tentação de se abraçar é o motor vital da vida e da morte na terra. Os *critters* se interpenetram, enroscam-se uns nos outros e uns através dos outros, comem uns aos outros, têm indigestão, e em parte se digerem e em parte se assimilam uns aos outros e, assim, estabelecem ordens simpoéticas também conhecidas como células, organismos e conjuntos ecológicos.[18]

O vírus é a exemplificação do *critter* como princípio de criação não significante simbiótica e simpoética. Aqui está a relação entre biomutação: processamento psíquico e remodelação poética do magma linguístico que o inconsciente produz incessantemente.

A poesia introduz na linguagem fragmentos não significantes de decomposição caótica e também da recomposição caosmótica do significado.

---

17    Donna Haraway, *Staying with the Trouble: Making Kin in the Chthulucene*. Durham: Duke University Press, 2016, p. 130.
18    Ibid., p. 58.

CAPÍTULO 5

# PROFECIA SENSUAL

A profecia é um tema que me obcecou por algum tempo, embora eu tenha tido o cuidado de não falar sobre isso até o momento. Depois que Federico Campagna abordou esse tema como central em um livro deliciosamente erudito e filosoficamente inovador (*Technic and Magic. The Reconstruction of Reality* [Técnica e magia. A reconstrução da realidade], Bloomsbury, 2018), tento me aproximar, embora com temor – o temor de mostrar um pouco demais as cartas, de revelar os segredos mais ocultos da minha profissão.

Apesar de eu compartilhar do conceito central expresso nesse livro, que o profeta não prevê o futuro, mas "vê" o presente e, acima de tudo, o que está presente no presente, minha abordagem dessa questão é diferente da de Campagna. Não é, obviamente, uma divergência, e sim um ponto de vista diferente, porque o que mais me interessa não é a relação entre profecia, metafísica, misticismo e xamanismo, é a relação entre a "visão" profética e o inconsciente.

O que me interessa na atividade profética é essa capacidade da mente humana (de algumas mentes humanas) de sintonizar o inconsciente coletivo, ou, talvez melhor, a capacidade de ler os fluxos que circulam na psicosfera.

É difícil dizer como essa sintonia acontece. Sente-se no ar, observa-se o rosto daqueles que estão sentados ao seu lado no vagão do metrô às sete da manhã, ouvem-se as frases daqueles que estão um pouco loucos, contam-se os lábios que sorriem em uma rua lotada, multiplica-se tudo isso pelo número de trabalhadores precarizados e divide-se pela média

**164** SEIS MEDITAÇÕES NO LIMIAR

salarial. Em resumo, interpretam-se os sinais captados aleatoriamente no sussurro social.

O que chamamos de "realidade" não existe independentemente do olhar que a considera em perspectiva, como Campagna explica em detalhe nas páginas desse livro, sobretudo nos capítulos enigmáticos e fascinantes da última parte, que, de fato, nada mais é do que o ponto de convergência de inúmeras variações psicodinâmicas entrelaçadas no espaço da vida cotidiana.

Portanto, ler o presente da psicosfera, interpretar os sinais que se entrelaçam no espaço psíquico coletivo é a melhor maneira de entender o futuro do mundo.

Podemos falar sobre intuição, como Henri Bergson fez em 1934 em *O pensamento e o movente* ou mesmo antes, em *Matéria e memória*.

Graças à análise racional, é possível alcançar generalizações, mas a análise não nos permite apreender a singularidade do objeto ou processo. A intuição vem da simpatia, da experiência compreensiva do objeto e do processo. A palavra *simpática* significa "conjuntiva", "capaz de harmonia sensível". A mente analítica sistematiza, distingue, conecta, porém é a mente simpática que, sozinha, é capaz de perceber a singularidade do evento que está por vir. Não há generalidade, não há categoria analítica que possa sintonizar você com o absolutamente novo que está emergindo do caos.

A mente analítica sabe o que aconteceu e, uma vez que extrai generalizações do ocorrido, não está preparada para perceber o que está inscrito no agora e muito menos, portanto, consegue se sintonizar com o devir.

Porque essa é a função (trabalho, sofrimento, gozo) do profeta.

Comentando as visões de Ezequiel, Gianfranco Ravasi escreve que, ao ler Ezequiel, percebemos que ele usa o corpo em sua duplicidade expressivo-simbólica, ou seja, a corporeidade em si. E essa comunicação tem a função de ser diáfana (do grego "atravessar", "ser transparente"), ou seja, de transmitir a mensagem, não torná-la opaca como uma tela intransponível.

Essa transparência de que Ravasi fala para explicar o poder profético de Ezequiel (dos tormentos e das excitações barrocas dele) é o sinal de uma encarnação do verbo, ou talvez de uma encarnação do significado.

Se Ezequiel é o profeta da luz alucinatória e barroca, Jeremias é o profeta das trevas e do sofrimento góticos. No entanto, para além da divergência entre eles, para além da diferença de suas visões, tanto para Jeremias como para Ezequiel, a fonte da palavra profética existe – no corpo, na carne, na sensibilidade –, porque esses são os poderes da visão. A visão profética surge da interferência sensível entre a antena que, vibrando, recebe e a vibração cósmica, ou melhor, entre a sensibilidade receptiva e a esfera psíquica coletiva da qual o cosmos emerge, projeção temporária e mutante.

Mas não podemos concluir estas considerações sobre a origem sensível da visão profética sem mencionar Tirésias, que mais do que ninguém encarnou essa forma errática e sublime de conhecimento, no gozo e no sofrimento.

Aqui está o que diz Tirésias, se vocês me permitirem falar dele em uma linguagem que não é a da análise teórica. É Tirésias quem fala, nestes versos de um poeta dos Bálcãs do qual restam apenas alguns fragmentos.

> Dado que a hora da minha morte se aproxima, falarei do destino
> que aguarda os habitantes das cidades costeiras.
> Prever catástrofes tem sido meu trabalho
> desde que a deusa ciumenta me privou da visão
> e, em troca, me permitiu
> ver o que é melhor não ver.
> Por isso, ofereço-te confusos
> sonhos da agonia

estrangeira íntima terra, desesperada euforia.
Muitas desventuras acompanharam
Minha nada curta vida.
Um dia, junto ao rio, vi Atena banhar-se
nua, cruel, belíssima
acariciando sua pele com o perfume de flores silvestres.
Assim meus olhos foram cegados,
mas por essa desgraça não sinto dor,
porque qualquer mutilação é uma extensão do universo.

Cego na floresta, me perdi,
e encontrei duas cobras lânguidas
Copulando, você esquece tudo
menos do seu prazer.
Eu as matei com o meu bastão, mas Hera vingou o meu sacrilégio
E transformou meu corpo em um corpo de mulher,
Para que a metamorfose
fosse para mim uma cicatriz.
Despertando-me do sono
sensivelmente feminina,
me ajoelhei no altar e fui sacerdotisa.
E vendi meu corpo
Para que homens desfrutassem dele em troca de dinheiro e poder.
Dei à luz uma filha chamada Neuromancer
e depois de sete anos eu era novamente um homem.
Na estação central de Milão

Eu estava esperando o trem das seis e cinquenta
Quando meu nome no átrio
foi escandido em um tom peremptório
Por uma voz mecânica que me
ordenou que eu me dirigisse a Zeus e Hera
nos degraus de mármore da bilheteria
para prestar contas a eles da minha profecia.

PROFECIA SENSUAL   **167**

Do jovem que estudava russo,
acariciava o pau com a mão
e, ao outro, ao capitão
de uma equipe de ágeis lançadores
oferecia a lascívia da boca,
então, enquanto se faziam um pouco de bobos
com aquela sua adorável ironia,
falava da minha
estúpida ciumaria
(eu estava esperando por ele no frio da rua).

Por isso, nós perguntamos, adivinho Tirésias,
você, que viveu um e outro sexo,
qual dos dois mais goza.
Naquele momento dado,
entendi que meu destino
para o fim estava selado.
E comecei dizendo:
"essas doenças estranhas
que o médico não sabe curar
são visões proféticas,
premonições rápidas e de amargar.
A única testemunha do sonho é o sonhador,
mas a partir do sonho proliferam
rios de terror
como se entendêssemos
que a morte não existe,
mas um fluxo triste
das figuras que amanhã e no futuro extremo nós seremos
quando, nus rumo ao princípio, voltaremos.

Da mesma forma, Anagarika Govinda (em *Fundamentos do misticismo tibetano*) fala da distinção entre *shabda* e *mantra*:

O que proclama sua boca não são palavras comuns, o *shabda*, com que compõem seus discursos. É o *mantra*, a coerção tendo em vista criar a imagem mental [...]. Na palavra *mantra* encontramos a raiz *man* = "pensar" (do grego "menos" e do latim "mens") combinada ao elemento *tra*, que forma palavras-instrumento. Assim, *mantra* é o "instrumento para pensar", "aquilo que cria uma imagem mental". Através do seu som o mantra expressa seu conteúdo, num estado de realidade imediata. O *mantra* é poder, e não um simples dizer que a mente pode contradizer ou eludir. O que o *mantra* expressa pelo seu som, existe e se produz. Aqui, e se em qualquer lugar palavras são ações, atuam de imediato. Esta é a peculiaridade do verdadeiro poeta cuja palavra cria realidade, chama e revela alguma coisa de real. A sua palavra não fala – age![19]

O mantra é uma emissão vocal que tem o poder de predispor a estados mentais que, independentemente do significado convencional, evocam um mundo. Esse não é o fundamento do ato profético, isto é, do ato de dizer o que está inscrito na aparência das coisas, mas que só pode se tornar visível graças a uma harmonia transmental? Profecia é a vibração da voz em harmonia com a vibração do cosmos. E Jalāl ad-Dīn Rūmī, o mestre dos dervixes dançantes, escreve:

Nós, profetas, ó Senhor, somos a flauta,
mas vós sois o músico.
Não sereis vós quem suspira
através de nós?
Nós somos as flautas,
mas o sopro é vosso, ó Senhor.

---

19   Lama Anagarika Govinda, *Fundamentos do misticismo tibetano* [1960], trad. Georges da Silva e Rita Homenko. São Paulo: Pensamento, 1995, p. 21.

Nós somos como as montanhas,
mas o eco é apenas vosso, ó Senhor.

Mas não podemos concluir essa reflexão sobre a palavra profética sem lembrar de William Blake, que escreve em *Jerusalém*: "Todas as Coisas Existem na Imaginação Humana [...] tudo que contemplais, apesar de parecer estar Fora ele está Dentro Em vossa imaginação da qual este Mundo de Mortalidade é apenas uma Sombra".[20]

E no *Matrimônio do céu e do inferno*:

1. O Homem não tem Corpo distinto de sua Alma, pois o que é chamado Corpo é uma porção da Alma discernida pelos cinco Sentidos, os condutos principais da Alma nesta era.
2. A Energia é a única vida e é do Corpo, e a Razão é a amarra ou circunferência exterior da Energia.
3. A Energia é o Deleite Eterno.[21]

Este é o ponto essencial: a energia é o eterno deleite e a energia é a fonte de palavras poéticas que contêm em seu ritmo, em seu som, em sua vibração, todos os significados possíveis que correspondem às intenções do Caos.

E como o Caos não tem nenhuma intenção, então essas palavras podem ser lidas assim: a poesia é o caminho que leva à única ordem que importa, a ordem do ritmo da respiração.

Inspiração como profecia.

---

20 William Blake, *Jerusalém: a emanação do gigante Albion* [1804–1820], trad. Saulo Alencastre. São Paulo: Hedra, 2013, pp. 204, 208.
21 Id., *Matrimônio do céu e do inferno* [1793], trad. Julia Vidili. São Paulo: Madras, 2004.

CAPÍTULO 6

# BEIJOS

Beijos e abraços são a conclusão de todas as mensagens que enviei nos últimos meses e de muitas que recebi.

Beijos e abraços são a conclusão deste livreto que espero possa fazer um pouco de companhia a vocês durante o infame retorno a essa normalidade na qual já estamos experimentando (enquanto a epidemia ainda se alastra) a violência dos exploradores e sua desumanidade impiedosa.

Mas não quero falar aqui de beijos virtuais, beijos enviados de um teclado para uma tela distante.

Quero falar sobre essa aproximação dos lábios, que é o mais humano de todos os atos humanos.

Não há certeza de que o ser humano seja o único animal capaz da linguagem; com certeza as formigas comunicam questões muito complicadas através da emissão de estímulos químicos, e as abelhas são capazes de orientar o voo de suas irmãs com movimentos vibratórios do abdômen. Contudo, até onde sabemos, nenhum animal aproxima os lábios dos lábios do outro inclinando a cabeça de maneira delicada e alusiva, nenhum animal acaricia suavemente os cantos dos lábios do outro com a língua, nenhum animal introduz a língua na boca do outro animal para tocar a superfície e sugar a doçura da boca. Nenhum animal conhece essa linguagem chamada beijo, capaz de comunicar de maneira infalível e inequívoca a química inexplicável do prazer e do desejo. Talvez nem todas as civilizações humanas tenham usado essa técnica para conhecer um ao outro: existem populações que tocam nariz com nariz e outras que fazem esquisitices ainda

**171**

mais exóticas. Enfim, não gostaria de parecer tão etnocêntrico, mas o beijo, caramba, é lindo.

Agora, no mês de maio de 2020, enquanto a pandemia ainda se espalha em todo o mundo e segundo os informes oficiais (o esclarecimento é importante porque é muito inferior à realidade) o vírus contagiou 5,5 milhões de pessoas, matando 338 mil delas, parece haver coisas mais urgentes sobre as quais falar do que o beijo. Eu acho que não há nada mais dramático, e não estou dizendo isso por uma frivolidade de amante latino que não sou.

Em um artigo publicado no *New York Times*, Nayeema Raza escreve: "Beijar é a maneira mais eficaz de medir a química erótica, mas também é a maneira mais eficaz de contrair coronavírus" (*What Single People Are Starting to Realize*, 18 de maio de 2020).

Em seu artigo, Nayeema tenta desdramatizar um pouco o fato e mitigar o significado da mensagem, traduzindo-a em termos um tanto frívolos, e conclui com uma frase bastante ambígua, que abre as portas para uma regressão cultural aos anos 1950 (ou talvez pior). Segundo ela, talvez tenhamos nos acostumado a nos beijar com muita facilidade e conclui: "Estamos ficando mais competentes em escutar, ler os olhos e sonhar formas criativas de conexão. E, vamos ser sinceros, também há algo excitante na ideia de que o primeiro beijo possa voltar a ser um tabu. Talvez precisássemos disso".

Isso significa, contudo, que teremos que voltar à monogamia obrigatória, suspeitar daqueles que não fazem parte da família, linchar a adúltera? Bin Laden é o nosso futuro? Maria Goretti, o modelo feminino? Estou acostumado a beijar amigos que encontro na rua, tenho que deixar esse hábito? Veja bem, eu não convido ninguém a ser superficial, mas temo que o medo de aproximar a bochecha da bochecha e os lábios dos lábios seja pior do que a bomba atômica.

Exagero, pode ser, às vezes isso acontece comigo. Porém, realmente acho que corremos o risco de empobrecer dolorosamente a experiência erótica, e acho que o medo da proximidade dos corpos põe em perigo extremo a própria possibilidade de solidariedade social.

Dessa consideração surgem, talvez de maneira um pouco imaginativa, várias divagações, inconsistentes como todas as divagações.

## "IL FAUT IMAGINER SISYPHE HEUREUX"

A primeira divagação diz respeito ao ensaio sobre o mito de Sísifo, de Albert Camus. Sísifo, como você se lembra, é condenado a empurrar uma pedra encosta acima e, no final, quando alcança o topo da montanha, ele a vê rolar novamente, o que o obriga a descer e recomeçar seu esforço.

"É durante esse retorno, essa pausa, que Sísifo me interessa", diz Camus. "Vejo esse homem redescer, com o passo pesado mas igual, para o tormento cujo fim não conhecerá."[22]

Entretanto, a conclusão de Camus é de que devemos imaginar que Sísifo é feliz, porque sua ação desesperada lhe revela o absurdo da condição humana, mas também que esse absurdo pode ser vivido de modo feliz com outros que sofrem da mesma maldição.

Ludovica Valentino explica muito bem em um artigo no *Culturificio*:

> Se a vida é absurda, sem sentido, diz Camus, ela adquire a forma do mesmo esforço inútil de Sísifo. Onde reside o sentido oculto da existência? Na aceitação de que ele não existe.

---

22  Albert Camus, *O mito de Sísifo* [1942], trad. Ari Roitman e Paulina Watch. Rio de Janeiro: Record, 2008.

Camus diz que a vida "será muito mais bem vivida como algo que não tem sentido algum".

Isso não significa desespero, é liberdade, é direção sem rumo.

É a negação de Deus, a negação da eternidade, é a negação do Absoluto, a finalidade não está no destino ou na durabilidade da vida, está oculta na intensidade dos dias.

*A moral sexual "civil" é o nervosismo moderno.*

Surge, no entanto, uma pergunta em minha mente: como podemos viver felizes em uma condição que não tem propósito, um propósito transcendente, nem uma certeza estável? Existe apenas uma resposta: isso é possível porque a compartilhamos com seres maravilhosos, porque empurramos a pedra da história com eles e juntos descemos novamente para começar tudo de novo. Mas durante a descida, muito lentos, dizemos palavras inebriantes e nos beijamos na boca.

Os rebeldes lutaram contra monstros, e os monstros reaparecem, às vezes de suas próprias fileiras. Porém os rebeldes não se desesperam, pelo contrário, são felizes, porque se gostam e se acariciam, e sua revolta é intercalada por beijos. Conseguiremos tolerar o absurdo da história se não pudermos nos aproximar de modo carnal?

## SUBLIMAÇÃO

Freud fala de sublimação em diferentes pontos da sua obra:

[...] o instinto sexual [...] coloca à disposição do trabalho da cultura montantes imensos de energia, graças à característica, que nele é pronunciada, de poder deslocar sua meta sem moderar significativamente sua intensidade. Essa capacidade de trocar a meta originalmente sexual por outra, não mais sexual, mas àquela aparentada psiquicamente, chama-se capacidade de sublimação.[23]

Freud usa o conceito de *sublimação* para explicar, em termos da economia da pulsão, as atividades que expressam um desejo que não é manifestamente direcionado a um objetivo sexual, mas a um escopo cultural, espiritual ou civil, como criação artística, pesquisa científica e filosófica.

Para Freud, o impulso em direção a essas atividades consiste na transformação de pulsões eróticas, no deslocamento do desejo em direção a objetivos que não são diretamente sexuais.

Podemos dizer que em Freud a sublimação é uma dinâmica psíquica destinada a prover defesas contra a angústia. Uma vez que (como ele explica em *O mal-estar na civilização*, escrito em 1929) a civilização se funda no recalque do impulso sexual original, essa inibição comporta uma sublimação da pulsão de seu objetivo original: a descarga, a satisfação. Na comparação com outros mecanismos defensivos, segundo Freud, trata-se de uma defesa bem-sucedida.

Mas, na minha opinião, não é bem assim. Se a civilização opera um recalque sistemático do desejo, ao lado de fenômenos de sublimação criativa manifesta-se também um fenômeno que envolve cólera e destrutividade explosiva.

A angústia produzida por essa autorrepressão civilizadora às vezes pode inibir tanto a sexualidade como o pensamento, e pode silenciar tanto o movimento passional em direção aos sujeitos do desejo como a busca pelo conhecimento.

É desse recalque que surge não apenas a elevação espiritual e cognitiva, mas também a agressão, a violência, o fascismo.

---

23 S. Freud, "A moral sexual 'cultural' e o nervosismo moderno", em *Obras completas*, v. 8 (1906–1909), trad. Paulo César de Souza. São Paulo: Companhia das Letras, 2015, pp. 368-69.

# A ILUSÃO

Então, me ocorre outra digressão, talvez incongruente, em relação ao conceito de ilusão. Ateu, rebelde, cosmopolita, pobre exilado, endividado, perseguido, Ugo Foscolo viveu uma existência feliz porque conhecia a euforia da revolta contra o poder, assim como a beleza das formas sensuais e das formas artísticas.

> Celeste é esta
> correspondência de doces sentidos,
> dom divino há nos humanos...

Os sentidos amorosos nos permitem (em *Os sepulcros*, do qual foram extraídos esses versos) entrar em comunicação com aqueles que não estão mais lá, mas que nunca param de conversar com suas obras. Entretanto, também são os sentidos eróticos dos inúmeros corpos que o poeta amou.

É uma ilusão, é claro, Foscolo reconhece. Mas essa ilusão é tudo o que conhecemos além da miséria dos ambientes nos quais a vida nos constrange: o cinismo do poder, a doença e a morte.

Nossa mente se vangloria, a ausência de sentido às vezes nos tira toda a esperança, porém a beleza e a paixão redimem tudo, como ele escreveu a uma amiga sua que se curou.

> e em ti a beleza revive,
> áurea beleza, único conforto para as dores
> das mentes mortais
> que nasceram destinadas a vagar a esmo

A ilusão é o tema principal do pensamento e da poesia de outro grande, tão distante e oposto a Foscolo, Giacomo Leopardi.

Certamente nele a ilusão não é uma boa amiga que atenua e desfaz o absurdo da existência; mas é apenas na espera e nas paixões dos corações, apenas na vibração das palavras poéticas, diz Leopardi, que conhecemos a alegria. Certamente nele a ilusão é a promessa cruel da natureza que sempre é decepcionada. Pensemos na delicadeza sublime da ilusão da jovem Silvia e na ilusão do jovem Giacomo, que se inclina sobre o peitoril da janela para ouvir o som da voz dela.

Pensemos no sofrimento pungente de Leopardi, que vê Silvia desaparecer, como uma doença passada, combatida e derrotada, e a consciência de que em seu desaparecimento encerra o destino de todos nós.

> Ai, como,
> como te foste,
> cara companheira da idade minha nova,
> minha esperança chorada!
> Este é o mundo? estes
> os deleites, o amor, as obras, os fatos
> de que tanto falamos juntos?
> Esta é a sorte das criaturas humanas?
> Ao aparecer da verdade
> tu, mísera, caíste: e com a mão
> a fria morte e uma tumba desnuda
> apontavas de longe.

A lição de Leopardi parece, portanto, oposta à de Foscolo, mesmo quando, em seu último canto, *La ginestra*, o poeta destrói os mitos políticos da modernidade:

> Aqui pintados, vivos,
> Estão da humana gente
> Destinos de grandeza e progressivos.

O magnífico destino e as promessas de progresso do Ilumi-
nismo, da política progressista, não passam de uma ilusão
atroz, como mostra a desolação das encostas do Vesúvio,
onde a lava endurecida como pedra negra esconde a antiga
glória da cidade de Pompeia.

No entanto, embora a ilusão de Leopardi abra um universo de pensamento estranho à fé moderna nas realizações
humanas, não se pode ignorar que a fonte da energia imensa
que o poeta, mesmo frágil, mesmo em dor, manifesta a todo
instante, é apenas o desejo de carícias do outro.

> Quem pode se lembrar de ti sem suspiros,
> primeira entrada na juventude,
> dias inenarráveis, viçosos
> Quando ao primeiro mortal enlevado,
> Sorriem as donzelas;
> E ao redor
> Tudo sorri; a inveja cala;
> ainda não está desperta;
> e quase (inusitada maravilha!) o mundo
> ágil lhe oferece socorro.

Contudo, para não concluir com a referência aos clássicos,
como se eu fosse o que sou, ou seja, um professor de literatura italiana mal remunerado, lembro que Aurelio Ferro também expressa graciosamente esses conceitos, em uma canção que Myriam Ferretti cantava no ano de 1940 com uma voz
que parece vir de outro planeta.

> Ilusão, és uma doce quimera
> que produz sonhos em um mundo de rosas a vida toda
> A ilusão é o perfume
> De uma boca sedenta que convida
> e que crês ser beijada

**178** SEIS MEDITAÇÕES NO LIMIAR

apenas por ti
Ilusão, és uma doce quimera
que faz sonhar, esperar e amar toda a vida...

Se então os beijos se tornarem um espectro de medo para o nosso inconsciente, não será cortada a única fonte de energia que nos leva à ação, à descoberta e à aventura?

## CHEGANDO A ESTE PONTO

Chegando a este ponto, eu paro no limiar e tento refletir sem conseguir esconder a sensação de estar perdido, de não mais saber bem qual é o caminho que pode nos levar a sair desta floresta horrenda. Talvez essa estrada não exista, digo a mim mesmo.

Nós perdemos. Não eu, não você, não nós meia dúzia de intelectuais extremistas autônomos, mas toda a humanidade.

Há algum tempo acho que, apesar da enorme riqueza cognitiva e produtiva da sociedade, a miséria psíquica e econômica se deve essencialmente à impotência, ou seja, à incapacidade de traduzir a possibilidade em prazer.

Por isso, refleti bastante sobre o fato de a tarefa dos movimentos ser justamente a reativação da potência coletiva, que significa solidariedade, proximidade, unidade contra o inimigo comum – o Capital, que de forma sistemática se apropria do que pensamos, descobrimos, produzimos. Apenas a solidariedade afetiva tornará possível (eu disse isso a mim mesmo por muito tempo) uma onda incontrolável de expropriação e vida autônoma. O movimento que começou em Seattle em novembro de 1999 e o movimento que se espalhou em 2011 sob o nome de *Occupy!* deveriam, para mim, ser considerados processos de reativação da proximidade social, de solidariedade entre cognitaristas que preparavam a autonomia da rede em relação à dominação do Capital.

Se minha análise tinha algum fundamento (e acredito que sim, embora eu não tenha a pretensão de que essa minha visão fosse o único modo de explicar aquelas mobilizações), bem, então estamos fodidos.

Se tivermos medo, enquanto tivermos medo de aproximar bochecha com bochecha e lábios com lábios, temo que a barbárie prevaleça sobre a civilização, e temo que a extinção seja o único horizonte no nosso futuro.

POST SCRIPTUM

## 21 DE MAIO

Vamos recapitular. Aonde havíamos chegado antes que o vírus paralisasse a vida de 4 bilhões de pessoas? Havíamos chegado a uma convulsão global. De Hong Kong a Santiago, de Beirute a Barcelona, de Quito a Paris, Teerã e Bagdá, milhões de jovens precarizados haviam saído às ruas, atacado os palácios do poder, iniciado uma insurreição múltipla, acéfala, sem direção estratégica.

Não era possível unificar o movimento do segundo semestre de 2019, tratava-se de uma convulsão do corpo global cujo cérebro, por muito tempo privado de oxigênio, não era mais capaz de coordenar os movimentos dos membros superiores e inferiores, do estômago, do coração e da boca.

Depois veio o infovírus desencadeado pelo biovírus, e por um tempo descansamos, as cidades relaxaram, conseguimos respirar um ar um pouco melhor do que o habitual. Mas a maioria dos confinados estava fechada em cubículos escuros, com uma onda de ataques de pânico.

Agora, a revolta global explode bem no coração do império psicótico, nos Estados Unidos. O poder recomeçou a cortar o oxigênio, a colocar o joelho no pescoço, a estrangular. Desta vez, contudo, o movimento espontâneo de negros precarizados e migrantes reagiu com a intuição que vem da percepção de ter que defender a própria vida e o próprio equilíbrio psíquico.

Depois da execução pública de George Floyd, o cérebro coletivo do movimento norte-americano negro-precarizado-migrante deve ter feito rapidamente a seguinte consideração racional: antes que a depressão se aproprie da mente coletiva, é necessário reagir. Não toleramos mais o intolerável. Respondemos golpe por golpe, sem olhar o preço a pagar. Destruiremos tudo o que precisa ser destruído, se essa for a única maneira de salvar nossas vidas. E assim o fazem centenas de milhares de jovens migrantes negros precarizados, de Minneapolis a Los Angeles, de Detroit a Oakland, Seattle, Brooklyn e Washington, apesar do toque de recolher, da Guarda Nacional e das balas.

Muitas vezes repetimos com James Baldwin: da próxima vez, o fogo.

Esta é a próxima vez.

Mas assim alguém vai morrer, alguém deve ter dito. Sim, alguém vai morrer, é verdade. No entanto, temos que escolher entre 100 mil mortes por suicídio nos próximos seis meses ou algumas centenas de mortes na batalha que provavelmente vai durar até novembro.

A revolta (convulsiva) de um corpo privado de oxigênio é indispensável para reativar o cérebro, porém, é necessário que o cérebro comece a planejar um novo futuro.

Para dissipar o terror, é necessário recuperar o fôlego coletivo, sair da posição fetal na qual fomos forçados a ficar por três meses, relaxar a musculatura, agitar os braços, mover as pernas, gritar no volume máximo.

Nesses meses, a geração conectiva experimentou duas coisas que não havia elaborado antes: o corpo e a morte.

O vírus rompeu a bolha asséptica da vida digital e eliminou o recalque da morte. A morte parecia ainda mais evidente quanto mais se ocultavam os funerais e se isolavam os doentes.

A geração conectiva (ou protodigital, para diferenciá-la da geração onidigital que provavelmente crescerá amanhã) recuperou de repente a percepção de sua corporalidade, e o vemos muito bem nas ruas de Minneapolis, Washington e Detroit.

A guerra civil americana começou.

Ela substitui a campanha eleitoral, os democratas desapareceram, foram cancelados.

Segundo Van Jones, correspondente da CNN, os inimigos dos negros não são apenas os racistas, são também aqueles que apoiaram Hillary Clinton, os liberais que levam o cachorro ao Central Park.

Como os democratas eliminaram Bernie Sanders (que talvez pudesse recuperar parte dos eleitores de Trump e da raiva negra e precarizada), agora se encontram com o vovozinho gaguejante, e Trump desencadeia a guerra racial. O jogo é disputado entre o supremacismo armado e o movimento dos negros precarizados e dos migrantes não totalmente desarmados.

Aqui e ali na imprensa norte-americana se diz que o aceleracionismo estaria por trás das revoltas.[24] Ninguém nunca entendeu o que é aceleracionismo, muito menos os aceleracionistas (entre os quais alguém me inclui, e não posso desmenti-lo, já que não sei o que é isso). No entanto, há um aceleracionismo supremacista de direita que pode ver na revolta negra uma oportunidade para lançar uma ofensiva racista violenta, que Trump, aliás, evocou várias vezes nos últimos tempos. De fato, a guerra racial talvez seja sua última carta para as eleições.

Mas as coisas ficam complicadas para a besta loira da Casa Branca. Os policiais saem às ruas para se solidarizar com os manifestantes.

------

24 Decland Desmond, "Frey: The People Doing the Burning are not Minneapolis Residents". *Bring Me the News*, 30 maio 2020, disponível em: https://bringmethenews.com/minnesota-news/frey-the-people-doing-the-burning-are-not-minneapolis-residents; Zack Beauchamp, "Accelerationism: the Obscure Idea Inspiring White Supremacist Killers Around the World". *Vox*, 18 nov. 2019, disponível em: vox.com/the-highlight/2019/11/11/20882005/accelerationism-white-supremacy-christchurch.

Respiro profundamente.

Sou arrastado pelos eventos que sigo, em eletrocussão permanente, e às vezes me desconecto para poder pensar.

O mundo que sai do confinamento corre ao longo de três dinâmicas: a competição (e às vezes a aliança) entre liberal-democratas que tentam recompor com o poder minguante do dinheiro a rede do capitalismo global; trumpistas nacional-supremacistas que se armaram, dos Estados Unidos ao Brasil e até a Europa Oriental e Ocidental, para defender a raça branca da grande migração e, de modo tendencioso, da extinção; a guerra geopolítica que está colocando em rota de colisão os Estados Unidos em colapso psicoinstitucional e a China compactada pela agressão totalitária da máquina tecnoideológica.

E o conflito social: a geração nascida na virada do milênio é a que mais paga pela pandemia. Não em termos de saúde, dado que o vírus se espalha quase exclusivamente entre (e quase exclusivamente mata) pessoas com mais de cinquenta anos. Mas em termos psíquicos e em termos econômicos. O que acontece nos Estados Unidos, onde, por enquanto, um número incontável de jovens brancos sai às ruas com seus pares negros e enfrenta a polícia racista com determinação suicida, talvez signifique o seguinte: que, após três meses de *lockdown*, a energia acumulada está fadada a explodir.

E isso terá seus lados dolorosos, mas a alternativa é entrar em um túnel escuro de medo, angústia, depressão, suicídio.

## 25 DE MAIO

Chega de conversa.

Fui um pouco espirituoso nos diários do trimestre negro que passou.

Parecia-me útil para aliviar a tensão, para mim e para vocês. Além disso, era bom para mim porque eu estava alegre o suficiente, no meu desespero.

Agora, enquanto se anuncia um semestre muito mais tenebroso do que o que acabamos de passar, a vontade de ser espirituoso passou.

Estou furioso.

Por muitos anos achei que, na ausência de uma revolta generalizada e radical das novas gerações de explorados e precarizados, o mundo cairia em um inferno ansiógeno.

Aqui estamos.

Durante muito tempo achei que, na ausência de uma mudança radical nas formas de vida, o ar se tornaria irrespirável e começaria a espiral de extinção da espécie humana.

Aqui estamos.

Mas eu também achava outra coisa: que não veria a horrível cena final da história do capitalismo. O *tiro de misericórdia*, por assim dizer.

Achava que, se o movimento não conseguisse revitalizar a autonomia subjetiva, a solidariedade social e a amizade erótica, o caos final teria ocorrido entre a quarta ou a quinta década do século. Em vez disso, acontece no início da terceira.

O colapso da crise ambiental, da crise psíquica, da crise geopolítico-militar e da crise socioeconômica me parecia previsível. Colapsos separados, destinados a se somar em um ponto final determinado.

Eu estava errado, não tinha avaliado a interdependência de processos catastróficos e, na lista de catástrofes previsíveis, não considerara pandemias.

Por isso, fiquei preso nessa espiral da qual esperava ser apenas profeta, não vítima.

Como profeta, sou um fracassado. Eu havia previsto tudo, mas não o essencial. Pelo menos não o essencial para mim.

Também cometi outro erro. No início da pandemia, quando os porcos faziam discursos moralistas, elogios a médicos e enfermeiras, agradecimentos afetuosos a um exército de jovens que corriam para nos trazer pizza e, enquanto era evidente que a hecatombe de idosos e doentes deveria entrar na conta dos crimes antissociais chamados de "reformas", acreditei que, no final da fase violenta da pandemia, a agressão financeira-neoliberal parar ou pelo menos diminuir ia, e que os patrões concederiam algo aos milhões de entregadores, trabalhadores da educação, cuidadores precarizados.

Eu estava errado, porque havia subestimado uma coisa decisiva: lobos financistas não têm nada além de presas, e quem só tem presas é obrigado a cravar os dentes.

Sei que essa é uma metáfora um tanto barata, porque, na realidade, os muito ricos geralmente são pessoas educadas, em alguns casos leram bons livros e muitas vezes até admitem que o sistema no qual ganham dinheiro é desumano. Mas não podem agir de outra maneira. São e sabem que são apenas os executores de uma ordem inexorável.

Os economistas explicam que apenas o aumento da competitividade e, portanto, da produtividade, aliada à redução de impostos para os ricos, permite que a máquina social continue. Mas economistas não entendem mais nada. Existem algumas externalidades negativas que eles não haviam considerado. Uma é a psicose de massa, a outra é a mudança climática e ambiental.

Hoje não é mais possível aumentar a produtividade porque não há mais margem para incrementos. Energias psíquicas queimadas, recursos físicos esgotados, o planeta está no limite.


FEROCIDADE

Assim que as autoridades políticas italianas decretaram o fim das medidas de confinamento, os lobos voltaram a uivar e a mostrar os dentes. E o pior é que começaram a cravar os dentes novamente.

Na manhã de 18 de maio, um enxame de policiais (sem luvas e sem máscara, eles podem!) foi à casa de sete jovens trabalhadores precarizados que fazem entregas de bicicleta e que nos últimos meses criaram um grupo chamado "O patrão de merda", e lhes comunicou que estavam expulsos da cidade de Bolonha. Por quê?

Deixo a palavra aos meninos que sofreram essa violência:

> Por a gente ter sempre enchido o saco dos Patrões de Merda, eles chamavam a gente de *stalkers*, por a gente estar do lado de todos os trabalhadores e por a gente exigir o dinheiro que nos cabe, dizem que praticamos extorsão, por termos ido toda semana na frente dos estabelecimentos dos patrões que exploram, por tudo isso expulsam a gente de Bolonha. Com uma medida cautelar de "proibição de residência", sem nenhum processo, expulsam a gente da cidade, dizendo que não podemos ficar aqui, onde temos amigos, família, trabalho, casa, nos obrigam a morar em algum hotel ou no sofá de algum amigo.

Nos últimos meses, milhares de jovens foram obrigados a desafiar o perigo do contágio para levar pizza para você, para mim e para todos, e seus patrões de merda muitas vezes não os pagaram de forma justa e continuam a não fazê-lo.

Com toda a gratidão, os patrões de merda e a ministra do Interior Luciana Lamorgese perseguem aqueles que defendem o direito ao salário justo e convidam as autoridades a vigiarem juntas as "tipologias de crimes comuns e a manifestação de focos de expressão extremista".[25]

---

25  Circular do Ministério do Interior de 11 de abril de 2020.

O EMS (Estado de Militarização Sanitária) toma forma rapidamente.

Mas os sinais da ferocidade do espírito do patrão estão se multiplicando.

Uma empresa de merda que, durante cem anos, sugou o sangue dos operários italianos e, a partir de 1979, demitiu cerca de 100 mil para transferir seus investimentos para países onde os salários caíram pela metade (chamava-se Fiat, hoje mudou de nome), que nos últimos anos, para não pagar impostos, mudou-se para países (Holanda, Inglaterra) onde a sonegação é prevista e recompensada pela lei. No entanto, enquanto nos últimos dias a empresa distribuía dividendos no valor de 4,5 bilhões aos acionistas, solicitava ao Estado italiano a garantia de um empréstimo de 6 bilhões no âmbito do apoio às empresas. Por que motivo uma empresa anglo--holandesa deve receber financiamento subtraindo dinheiro da minha aposentadoria e do salário de milhões de trabalhadores italianos (e não britânicos ou holandeses)?

Outra empresa muito benemérita chamada Atlantia, à qual devemos gratidão por ter matado cerca de quarenta pessoas que corriam em uma rodovia talvez por ser privatizada, exige 2 bilhões do Estado italiano, suponho que para continuar matando caminhoneiros e outros transeuntes. Se não dermos, os senhores da Benetton ficam com raiva, e sabemos que eles têm amizades no alto escalão, especialmente no PD (Partido Democrático).

Enquanto isso, a República Popular da China aperta as medidas de repressão contra estudantes e trabalhadores precarizados de Hong Kong.

Jared Kushner, o genro da corte, diz que as eleições presidenciais estão agendadas para o mês de novembro, mas não é certo, vamos ver...

Donald Trump elogia as milícias armadas e pede que libertem os estados oprimidos pelo *lockdown*. Em seguida, lança uma campanha intimidando as redes sociais, para esclarecer imediatamente que o sistema Facebook-Twitter--Google não deve interferir em sua campanha eleitoral.

Jair Bolsonaro chama as milícias a se insurgir contra o Congresso e pede que se acelere a devastação dos territórios indígenas na Amazônia.

O que está acontecendo?

Toda a humanidade se tornou um exército industrial de reserva, a chantagem do patrão é ferozmente desencadeada, porque as margens de lucro foram reduzidas ao mínimo pelo colapso da demanda e pela desarticulação do ciclo de produção global.

Dívida, lucro, concorrência.

Essas três palavras são uma sentença de morte para a humanidade. Não são leis naturais, são o efeito de estratégias políticas, semióticas e tecnológicas. Se não conseguirmos nos livrar delas e, acima de tudo, da dinâmica social que elas representam, no médio prazo não há esperança de sairmos vivos disso.

Enquanto isso, Amphan, um ciclone de violência sem precedentes, com ventos de 350 quilômetros por hora, investe contra Calcutá e todo o golfo de Bengala, causando um número desconhecido de mortes, as quais os jornais ocidentais nem mencionam.

No Chifre da África, está recomeçando uma gigantesca invasão de gafanhotos que comem tudo, deixando regiões inteiras na mais absoluta miséria. Uma onda de bilhões de gafanhotos em expansão, como aconteceu meses atrás. A imprensa ocidental também não faz nenhuma menção a isso.

## 26 DE MAIO

EXAGEROS

Aconteceu de algumas vezes eu dizer que Thatcher é pior que Hitler, e não raro meus interlocutores me disseram para não exagerar. De um ponto de vista histórico e moral, de fato, minha afirmação não tinha sentido. Thatcher não ordenou a solução final nos campos de concentração, não invadiu a Polônia e a União Soviética, nem provocou uma guerra mundial.

Contudo, de um ponto de vista diferente do histórico, sinto muito, sou obrigado a confirmar que sim, em um nível evolutivo, o efeito do neoliberalismo é extraordinariamente mais destrutivo do que o nazismo. Além de um número assustador de vítimas de destruição e sofrimento, o nazismo de Hitler produziu uma série de cicatrizes que nunca se curaram e continuam a sangrar (o colonialismo racista do Estado de Israel é o exemplo mais claro disso). No entanto, o neoliberalismo desencadeou um processo de fato viral, um processo molecular que há muito trabalha para desmoronar as condições psicoculturais da solidariedade inter-humana, que despertou os espíritos animais dos mais ferozes em detrimento da sociedade.

Margaret Thatcher estava ciente do fato de que a revolução neoliberal tinha o caráter de uma mutação "espiritual" (ela disse em uma entrevista de 1981), e essa mutação é caracterizada por sua famosa frase do início dos anos 1980: "Não há nada que você possa chamar de sociedade. Existem indivíduos, famílias, empresas, competindo pelo sucesso econômico".

Essa mutação destruiu de forma lenta mas implacável toda motivação de solidariedade, toda estrutura de reequilíbrio entre indivíduos e forças sociais; recompensou apenas os instintos mais violentos, fez da guerra o único princípio das relações humanas.

O princípio da competição absoluta e da exploração ilimitada das energias nervosas e dos recursos físicos da Terra também desencadeou uma série de processos degenerativos que hoje se manifestam todos ao mesmo tempo. Uma sinergia devastadora à qual nenhuma instituição pode se opor e que nenhuma vontade política pode derrubar.

Esses processos degenerativos, particularmente o ambiental, psíquico, geopolítico militar, explodiram simultaneamente quando um quarto processo degenerativo, o enfraquecimento do sistema imunológico psicofísico do organismo biológico, levou-os a um curto-circuito.

O colapso psicoinfobio da pandemia desencadeou, portanto, o colapso econômico, e provavelmente provocará em breve o colapso geopolítico.

Pela primeira vez na história dos últimos 10 mil anos, a extinção da humanidade parece ser a hipótese mais provável no horizonte do século.

Nossa tarefa (nossa de quem? Essa pergunta também está aguardando uma resposta) no momento não está clara (pelo menos para mim): devemos desenvolver estratégias (não uma, mas muitas) que permitam, antes de mais nada, compensar as tendências degenerativas em andamento e dissipar o perigo de extinção? Ou temos que desenvolver estratégias que nos permitam viver a mesma extinção da civilização e talvez da humanidade de maneira consciente e feliz?

## 27 DE MAIO

O SISTEMA PSICOIMUNE DA GERAÇÃO PROTODIGITAL

Agora está amplamente comprovado que o coronavírus afeta (às vezes de modo lento) quase que apenas idosos. Pessoas com menos de quarenta anos pouco aparecem nas listas de mortes e são muito raras na lista de infectados.

No entanto, em quase todo o mundo, meninos e meninas abandonaram a escola e aceitaram as regras da detenção sanitária.

Ou seja, desistiram das coisas mais importantes para uma pessoa na juventude: o prazer de conhecer, estudar juntos, cortejar um ao outro, fazer amor e assim por diante.

Por que fizeram isso? Fizeram para não matar o avô asmático ou o pai cardíaco. Muito bem, muito bem, como avô asmático, não sei como agradecer-lhes.

Minha geração, que há cinquenta anos tinha vinte anos, nunca teria aceitado essas condições de detenção sanitária. Como não éramos cafajestes, como se costumava dizer, teríamos nos preocupado com a saúde de mamãe e papai, mas, para não infectá-los, teríamos feito outra coisa: teríamos saído de casa, multiplicado as comunidades, ocupado faculdades, escolas, fábricas e igrejas, nós as defenderíamos com fogo, se necessário, e nos divertiríamos como loucos enquanto algum avô fosse ao encontro do criador.

O que isso significa?

Em primeiro lugar, significa que nós, na faixa dos setenta, deveríamos agradecer a geração jovem por nos poupar, em vez de vociferar, como muitos coetâneos meus, azedos, que acreditam ter o direito de medir os centímetros de distância de quem teria todos os motivos para nos matar, pois fomos nós que permitimos que Thatcher, Tony Blair e seus imitadores destruíssem as defesas imunológicas, ambientais e sociais que abriram o caminho para o vírus gerontocida. Obrigado, pessoal, por me pouparem.

Em segundo lugar, significa que a nova geração, de forma geral, não tem muita esperança de tomar as rédeas do próprio futuro, não tem muita esperança de autonomia política, talvez nem existencial.

Se aceitaram a detenção sanitária, se não conseguiram ir embora para construir um modo de vida autônomo durante esse período, aceitarão qualquer outro tipo de imposição que o mundo preparar para eles. E se a geração que cresceu na era protodigital foi psicoculturalmente envolvida em uma dimensão da psicose pânico-depressiva, a geração que crescer na era pandêmica onidigital provavelmente será afetada por uma forma maciça de autismo, autorreclusão psíquica, sensibilidade fóbica à presença do outro.

Receio que o sistema psicoimune da era protodigital tenha sido totalmente penetrado e neutralizado pelo infovírus por anos, décadas, muito antes de o biovírus se infiltrar para destruir toda a autonomia social. De um jeito irremediável.

Um amigo psiquiatra me diz que tem recebido ligações de muitas pessoas que necessitam de ajuda. A grande maioria é jovem ou muito jovem. Na área em que meu amigo opera, o número de suicídios (todos, ou quase, jovens) triplicou em comparação com a média do passado. Ataques de pânico se espalham. A claustrofobia se alterna com a agorafobia, com o terror de ter que sair de casa para voltar ao mundo onde um inimigo invisível se alinha.

Se eu fosse psiquiatra (e graças a Deus não sou, caso contrário causaria alguns desastres), arriscaria imediatamente um diagnóstico. O Édipo tornou-se gigante e assumiu formas psicopatas. O superego tornou-se um velho sádico diante do qual o garoto se curva trêmulo.

Alexitimia: incapacidade de processar e verbalizar emoções.

Autismo: incapacidade de imaginar o outro como um possível objeto de comunicação e desejo.

Sensibilização fóbica ao corpo do outro, aos lábios, que a partir de agora ficarão escondidos para sempre como perigo pudendo.

Como esse quadro psicopatológico pode ter se desenvolvido?

Se eu fosse psiquiatra, diria que as condições para uma evolução tão monstruosa estavam presentes na psicogênese da geração que aprendeu mais palavras com uma máquina do que com a mãe.

Quando a pandemia explodiu, então o poder (completamente impotente contra o vírus, completamente impotente contra os automatismos tecnofinanceiros que, enquanto isso, naufragaram), realizou uma operação brilhante (e involuntária, é claro, porque o poder não é uma vontade, é uma cadeia de automatismos e intenções).

O poder realizou uma operação que consiste em culpar a sociedade usando a arma sanitária e revertendo a reciprocidade afetuosa com uma espécie de labirinto de culpas.

Chamam de responsabilidade, mas eu chamo de outra maneira: jogo de empurra-empurra psicopatogênico. Disseram: fiquem todos em casa, não se mexam; caso contrário, matarão seus avós. Trabalhem muito na frente da tela, não peçam aumento de salário, fiquem satisfeitos com o que têm pra hoje, caso contrário a economia entrará em colapso.

O jovenzinho que aprendeu mais palavras com um carro do que com a mãe caiu como uma pera podre e agora está se contorcendo no sofá, refém do sentimento de culpa, enquanto digita como um idiota que todos devem ser responsáveis, como as sardinhas.

Eles nunca sairão, lamento dizer-lhes isso.

Se saem, é para tomar uma cerveja, irritando o antifascista de setenta anos.


## 28 DE MAIO

Então, o que vai acontecer agora? Como posso saber? Obviamente, não espero que os economistas saibam, eles, que falam sobre a possibilidade de uma recuperação na economia se o *lockdown* terminar em breve. Economistas... Mas será possível que ainda existam, que nem todos tenham se jogado pela janela do último andar (exceto Christian Marazzi, é claro, porém ele é outra coisa...)?

Questionar um economista sobre o futuro do mundo no dia seguinte ao colapso viral é como questionar Tomás de Torquemada sobre a espinhosa questão da liberdade de opinião.

O que podem saber os pobrezinhos?

Falando em economistas, outra coisa me ocorreu: o jornal italiano mais infame, um panfleto horrível chamado *La Repubblica*, lançou nos últimos dias uma campanha contra os espertinhos.

Pode-se pensar que se trata da família Agnelli, que coleta bilhões dos contribuintes italianos enquanto (não) paga impostos na Holanda ou na Inglaterra.

Mas não. Falo sério, os Agnelli compraram o jornal faz pouco tempo.

Para esses infames, espertinhos são aqueles que pedem uma renda emergencial sem ter esse direito (na opinião inquestionável dos carrascos do *La Repubblica*). Ou aqueles que se dão ao luxo de caminhar pela praia quando o *La Repubblica* quer todos enclausurados.

## 29 DE MAIO

ÚLTIMO ATO

Acho que, nos próximos anos, e já nos próximos meses, em grande parte do mundo se espalhará a guerra civil.

Independentemente das eleições de novembro, é difícil imaginar uma solução na qual liberal-democratas e supremacistas trumpistas nazistoides não partam para a porrada.

No Brasil, milícias bolsonaristas armadas e setores do Exército que apoiam o juiz Sérgio Moro estão se alinhando.

A direita nacional-fascista contra a direita neoliberal; não temos nada a ver com essa guerra. Muitas vezes nos deixamos ser usados pelos carrascos liberal-democratas que nos mandam para a linha de frente para cantar "Bella ciao" contra os carrascos nacionalistas e depois enviam a polícia para nos espancar.

Aconselho bater em retirada dessa guerra imediatamente, sem negociações.

Vamos ficar na janela, pessoal, não temos nada a ganhar e tudo a perder. Que se matem, ficaremos olhando. Vamos nos preparar para a verdadeira batalha.

## 30 DE MAIO

Após o feroz assassinato de George Floyd, Minneapolis lutou por três dias e três noites. Delegacia de polícia queimada, lojas de departamento devastadas e queimadas, fogo por toda parte.

Trump tuitou: *"When the looting starts, the shooting starts"* [Quando os saques começam, começam também os tiros]. Ataque de dignidade da empresa Twitter: a mensagem do presidente não foi censurada, mas sujeita a uma medida de alerta. É uma mensagem que incita à violência e convida a cometer crimes. Nesse ponto, entre as *big techs* e a cúpula do nazismo mundial, abriu-se um conflito cujos desdobramentos são de difícil previsão.

Logo depois, no entanto, a insurreição se espalhou por toda parte. Sete feridos em Louisville, um rapaz de dezenove anos morto por um tiro disparado de uma caminhonete em Detroit. A Casa Branca cercada. Dentro da Casa Branca, a fera loira está furiosa. Obama emite comunicados de imprensa leves, enquanto Joe Biden espia com uma lentidão cada vez maior.

A campanha eleitoral está se preparando para usar a mídia, bazucas, aviões e talvez até a bomba nuclear.

Temos que aprender a fazer duas coisas ao mesmo tempo: fugir e nos preparar. Como Deleuze diz, quando se foge, não se foge simplesmente, mas se procuram novas armas, prepara-se a emboscada, fazem-se muitas outras coisas menos bélicas.

Então, vamos bater em retirada. Vamos fugir.

Para onde? Bem, não sei. Quem tem uma casa nas montanhas Sibilinas, que se mude para lá; quem não tem, que se retire em si mesmo, torne-se afásico, sorria enigmaticamente a quem lhe dirigir a palavra e responda com frases incompreensíveis, talvez em sânscrito. Ou ocupemos tudo o que for ocupável, dezenas de ocupações devem florescer em todas as cidades e devemos nos preparar para defendê-las, com todos os meios necessários.

Mas, acima de tudo, não nos esqueçamos de uma coisa: não somos mais a plebe na ópera chinesa, sem ideais para nos dar esperança.

Somos químicos, físicos nucleares, médicos, engenheiros agrônomos, neuroengenheiros, virologistas, biólogos, cientistas da computação. É absurdo continuarmos nos defendendo com pedaços de madeira e atacando com gritos e com as mãos.

Somos a internacional cognitiva, o departamento organizado do cérebro global, a produção global da tecnologia, do imaginário e do cuidado.

Para vencer a guerra que nos foi imposta pelos nazistas, precisamos tomar consciência de nosso poder. Que não é poder de fogo, e sim de criação, mas que, quando necessário, também pode ser de fogo.

Seria inútil obter armas para a autodefesa, muito menos para o ataque. Não sabemos nem como usá-las, elas engrimpariam, nunca estariam bem lubrificadas, enfim, nos matariam antes de dizermos "alto lá".

Porém, temos armas que podem deter qualquer inimigo, sabotá-lo, destruí-lo, aniquilá-lo. Precisamos apenas aperfeiçoá-las, coordená-las, implantá-las, e isso leva tempo, não devemos ter pressa... Podemos fazer isso em nossa casa na montanha, se tivermos uma, ou em nossa intimidade, se não tivermos.

Salvar a pele, salvar o *know-how*, salvar o bom humor e a amizade.

Enquanto nos retiramos e nos preparamos, liberais e fascistas destruirão tudo. Quando sairmos, haverá entulho e gás venenoso em cada esquina.

É uma pena, reconheço, mas não podemos fazer nada quanto a isso agora.

Portanto, não desanimemos por tão pouco. Podemos começar de novo, e o mundo que construiremos será magnífico.

# SOBRE O AUTOR

Franco "Bifo" Berardi nasceu em Bolonha, em 1949. Graduou-se em estética na Faculdade de Filosofia e Letras da Universidade de Bolonha em 1971. Militante desde a adolescência, Bifo passou pela Fronte della Gioventù Comunista [Frente da Juventude Comunista], foi figura de destaque no Potere Operaio [Poder Operário] durante o Maio de 1968 e atuou no movimento anarcossindicalista italiano nos anos 1970. Fundou a revista *A/traverso* (1975–81) e fez parte da equipe da rádio Alice (1976–77), a primeira rádio livre da Itália. Com Antonio Negri e outros intelectuais envolvidos no movimento autonomista italiano, exilou-se em Paris. Lá, trabalhou com Félix Guattari no campo da esquizoanálise e frequentou os seminários de Michel Foucault. Nos anos 1980, contribuiu com revistas como *Semiotext(e)* (Nova York), *Chimères* (Paris), *Metropoli* (Roma), *Musica 80* (Milão) e *Archipiélago* (Barcelona). Em 1992, ajudou a fundar a revista *DeriveApprodi* e, em 1997, a editora homônima, com um catálogo orientado a temas políticos. Foi professor de Teoria da Mídia na Accademia di Belle Arti, em Milão, no Programa d'Estudis Independents do Museu d'Art Contemporani de Barcelona e no Institute for Doctoral Studies in the Visual Arts de Portland.

### PRINCIPAIS OBRAS

*La fábrica de la infelicidad* (Madri: Traficantes de Sueños, 2003)
*Precarious Rhapsody: Semiocapitalism and the Pathologies of Post-Alpha Generation* (California: AK Press, 2009)

*The Soul at Work: From Alienation to Autonomy* (Los Angeles: Semiotext(e), 2009)

*Félix* (Buenos Aires: Editorial Cactus, 2013)

*Heroes: Mass Murder and Suicide* (New York: Verso, 2015)

*And: Phenomenology of the End* (Los Angeles: Semiotext(e), 2015)

*Skizo-Mails* (Berlim: Errant Bodies Press, 2015)

*Futurability: The Age of Impotence and the Horizon of Possibility* (New York: Verso, 2017)

*Depois do futuro* (São Paulo: Ubu Editora, 2019)

*The Second Coming* (Cambridge: Polity Press, 2019)

Título original: *Fenomenologia della fine*
© Ubu Editora, 2020
© Franco Berardi, 2020

IMAGEM DA CAPA © Guglielmo Mangiapane / Reuters / Fotoarena

COORDENAÇÃO EDITORIAL Florencia Ferrari
ASSISTENTES EDITORIAIS Isabela Sanches e Júlia Knaipp
PREPARAÇÃO Natália Engler
REVISÃO Cláudia Cantarin e Cristina Yamazaki
DESIGN Elaine Ramos
ASSISTENTE DE DESIGN Livia Takemura
TRATAMENTO DE IMAGEM Carlos Mesquita
PRODUÇÃO GRÁFICA Marina Ambrasas
COMERCIAL Luciana Mazolini
ASSISTENTE COMERCIAL Anna Fournier
GESTÃO SITE / CIRCUITO UBU Beatriz Lourenção
CRIAÇÃO DE CONTEÚDO / CIRCUITO UBU Maria Chiaretti
ASSISTENTE DE COMUNICAÇÃO Júlia França

Dados Internacionais de Catalogação na Publicação (CIP)
Elaborado por Vagner Rodolfo da Silva – CRB 8/9410

B483e  Berardi, Franco [1949–]
Extremo: crônicas da psicodeflação / Franco Berardi;
    título original: *Fenomenologia della fine* traduzido por
    Regina Silva. – São Paulo: Ubu Editora, 2020. 208 pp.
ISBN 978 65 86497 14 4

1. Política. 2. Filosofia. 3. Quarentena. 4. Coronavírus.
5. Sociedade. I. Silva, Regina. II. Título.

2020–2338                          CDD 320 / CDU 32

Índice para catálogo sistemático:
1. Política 320
2. Política 32

*Nesta edição, respeitou-se o novo*
*Acordo Ortográfico da Língua Portuguesa.*

UBU EDITORA
Largo do Arouche 161 sobreloja 2
01219 011 São Paulo SP
(11) 3331 2275
ubueditora.com.br
professor@ubueditora.com.br
�📘 📷 /ubueditora

TIPOGRAFIAS  Arnhem e Circular
PAPEL  Pólen soft $80\,g/m^2$
IMPRESSÃO  Margraf